10章으로 이루어진 한반도 전쟁사

조선반도 전쟁역사(朝鮮半島 戰爭歷史)
10章으로 이루어진 한반도 전쟁사

초판 1쇄 발행 2024년 4월 30일

지은이 유증환
펴낸이 장길수
펴낸곳 지식과감성#
출판등록 제2012-000081호

교정 이주희
디자인 이현, 강샛별
편집 이현, 강샛별
검수 김나현, 이현
마케팅 김윤길, 정은혜

주소 서울시 금천구 벚꽃로298 대륭포스트타워6차 1212호
전화 070-4651-3730~4
팩스 070-4325-7006
이메일 ksbookup@naver.com
홈페이지 www.knsbookup.com

ISBN 979-11-392-1810-7(03910)
값 17,000원

- 이 책의 판권은 지은이에게 있습니다.
- 이 책 내용의 전부 또는 일부를 재사용하려면 반드시 지은이의 서면 동의를 받아야 합니다.
- 잘못된 책은 구입하신 곳에서 바꾸어 드립니다.

지식과감성#
홈페이지 바로가기

10章으로 이루어진 한반도 전쟁사

朝鮮半島
戰爭歷史

조선반도
전쟁역사

유중환 지음

지식감정

일러두기

1. 이 책은 저자가 다수의 일본서(日本書)를 번역, 참고하여 저술한 것이며 역사용어도 일본서(日本書)에 표시된 그대로 인용하였기 때문에 우리가 사용하는 한자의 표기와는 다른 부분이 많다는 점을 감안하기 바랍니다.

2. 이 책 내용의 객관성과 정확성을 검증할 수 있도록 참고한 다수의 일본서(日本書)와 영미서(英美書)의 출처를 각주에 표시하였습니다. 관심 있는 독자는 각주에 표시된 해당 참고문헌을 구해서 관련 내용을 찾아볼 수 있을 것입니다.

3. 가독성을 높이기 위해서 이 책의 각주에는 참고문헌과 참고한 내용이 수록된 해당 페이지만 표시했습니다. 따라서 책을 읽을 때, 각주는 신경을 쓸 필요가 없습니다.

역사일반서문
(歷史一般序文)

역사(History)는 시간(time) 속에서 인류가 겪은 체험이다. 역사는 또한 지구(the planet earth)라는 공간(space)에서 발생한다. 따라서 지리학은 항상 역사학의 기반이 된다. 지리학의 임무는 지구의 여러 지역을 지도 등으로 표시하는 일뿐만 아니라 인류의 활동과 주변 환경과의 변화하는 관계를 연구하는 일이다.[1]

한국의 역사가 신채호(1880~1936)도 때(時), 땅(地), 사람(人) 세 가지를 역사를 구성하는 3대 요소라고 보았다.[2]

신채호는 '역사'를 아(我)와 비아(非我)의 투쟁이 시간적으로 전개되고 공간적으로 펼쳐지는 심적(정신적) 활동 상태에 관한 기록이라고 말했다. 아(我)는 주관적 입장에 선 쪽이고 비아(非我)는 아(我) 이외의 것이다. 단순하게 예를 들면, 조선 사람은 조선을 아(我)라고 하고 중국, 러시아, 일본 등을 비아(非我)라고 하지만, 중국, 러시아, 일본 등은 각기 자기 나라를 아(我)라고 하고 조선을 비아(非我)라고 한다.[3]

---

1) R. R. Palmer, Joel Colton, 『A History of the Modern World』, Eighth Edition, McGraw-Hill, Inc. 1995, p.1.
2) 박은식 지음/김태웅 역해, 『한국통사(韓國痛史)』, 아카넷, 2021년, 47면.
3) 신채호 지음/김종성 옮김, 『조선상고사(朝鮮上古史)』, ㈜시공사, 2023년, 21면.

역사는 필연적으로 지리가 함께 연구되어야 한다. 그럼에도 이 책은 역사지리학의 관점은 배제하고 '역사'라는 '사실의 기술'에 그쳤다. 역사지리학의 관점은 나중에 더 연구하여 별개의 책으로 낼 것이다. 한국에서도 역사적 사실이 전개되는 공간인 지리를 중요시했다. 1750년경에 실학자 이중환이 저술한 명저(名著) 『택리지(擇里志)』는 지리서(地理書)이지만 지리를 설명하는 데 있어서 역사적 사실의 서술이 따라다닌다.[4]

한국 근대 개혁기와 일제강점기의 학자 박은식은 한국 근대사 개설서인 『한국통사(韓國痛史)』를 저술했는데, 책의 제1편 맨 처음에 「지리의 큰 줄기(地理之大綱)」라는 제목으로 한반도의 지리를 설명하여 역사에 있어서 지리의 중요성을 강조하였다.[5]

그리스인 헤로도토스(Herodotus)는 '역사의 아버지'로 불린다. 『역사(The Histories)』라는 책을 지었기 때문이다. 헤로도토스는 기원전 490년경에 소아시아의 해안도시에서 태어났다. 지금의 튀르키예(터키)의 남서해안지방이다. 처음으로 '역사(History)'를 신화 및 전설과는 별개의 연구 대상으로서 기술하기 시작한 헤로도토스에 대한 평판은 크게 엇갈리지만 '역사의 아버지'라 불릴 만하다. '역

---

4) 李重煥 著/平木 實 譯, 『択里志 近世朝鮮の地理書, 東洋文庫751』, 平凡社, 2006년, 13-21面 및 이중환 지음/안대회 이승용 외 옮김, 『완역정본 택리지』, 휴머니스트 출판그룹, 2018년, 41-44면.
5) 박은식 지음/김태웅 역해, 『한국통사(韓國痛史)』, 아카넷, 2021년, 42-54면.

사의 아버지'란 칭호는 로마의 키케로(Cicero)가 처음으로 헤로도토스에게 붙였다.[6] 한편, 헤로도토스는 그의 책 『역사』에 기술되어 있는 내용의 부정확성과 믿기 힘든 이야기로 인하여 '거짓말의 아버지'란 조롱을 받기도 했다.[7]

기원전 146년에 그리스인들은 로마인들에게 정복당한 사실이 있다. 로마인들은 자신들의 언어인 라틴어를 유지하면서 그리스인들의 지식 문화와 예술 문화를 빠르게 흡수했다.[8] 이 무렵 고대 유럽의 중심지는 그리스에서 로마로 이전된다.

헤로도토스의 뒤를 이은 그리스인 투키디데스(Thucydides)는 헤로도토스의 역사보다 더 사실적인 역사서를 저술한다. 투키디데스는 기원전 460년경에 그리스 아테네의 상류층 집안에서 태어났다. 투키디데스는 『펠로폰네소스 전쟁사(The Peloponnesian War)』라는 역사책을 지었다.

그리스인들은 처음으로 '역사(History)'를 신화와 전설과는 완전

---

6) HERODOTUS, 『The Histories』 Translated by Aubrey de Sélincourt, Penguin Books, 2003, 서문 및 HERODOTUS, 『The Histories』 Translated by Tom Holland, Penguin Books, 2015, 서문.
7) Andrew Taylor, 『Books That Changed the World: The 50 most influential books in human history』, Quercus, 2014, p.12 and p.18.
8) R. R. Palmer, Joel Colton, 『A History of the Modern World』, Eighth Edition, McGraw-Hill, Inc. 1995, p.13.

히 다른 하나의 연구 대상으로서 기술하기 시작했다. 역사의 아버지 헤로도토스(Herodotus)는 그리스 세계와 그 외의 지역 곳곳을 여행하고 다니면서 그가 과거로부터 배울 수 있는 모든 것을 탐색하였다. 투키디데스(Thucydides)는 아테네와 스파르타 사이의 전쟁에 대한 그의 기술(記述)에서 '역사(History)'를 개화된 시민의 자질과 건설적인 국가경영의 길잡이로 제시했다.[9)]

투키디데스의 '역사(History)'에 관한 기술(記述)은 대부분 꾸밈이 없고 감정표현이 없는 사무적인 스타일의 설명이다. 투키디데스는 로맨틱한 요소가 부족한 '자신의 역사서'가 과거에 일어난 사실들을 분명하게 이해하고 싶은 사람들에 의하여 '쓸모 있는 것'으로 평가되기를 원했다. 그가 원하는 대로 투키디데스는 그의 예술가적 기교와 날카로운 분석으로 항상 존경받아 왔다.[10)]

동양에서는 사마천(司馬遷)이 역사의 아버지라고 볼 수 있다. 사마천은 『사기(史記)』라는 역사서를 저술하여 후세에 많은 영향을 미쳤다. 사마천의 생몰년은 기원전 145년경부터 기원전 91년경으로 보지만 정확한 것은 아니다(기원전 145년경부터 기원전 86년경으로 표시되어 있는 책도 있다.[11)]). 사마천은 젊은 나이에 중국각지를 여

---

9) R. R. Palmer, Joel Colton, 『A History of the Modern World』, Eighth Edition, McGraw-Hill, Inc. 1995, p.12.
10) Thucydides, 『The Peloponnesian War』 Translated by Martin Hammond, Oxford University Press, 2009, Introduction p. ⅹ.
11) 「世界の歷史」編集委員會=編, 『新 もういちど讀む山川世界史』, 山川出版社, 2017年, 50面.

행하고 전승되어 오는 것이나 지방의 풍속을 직접 견문했다. 그 경험은 『사기(史記)』라는 역사서를 저술하는 데 활용되었다. 『사기(史記)』의 출현은 곧 동양역사의 탄생으로 볼 수 있으며 중국역사의 으뜸이 된다.[12]

사마천은 기원전 145년경에 태어났으니, 기원전 485년경에 태어난 헤로도토스나 기원전 460년경에 태어난 투키디데스보다 300년 이상 늦다. 오늘날까지 지대한 영향력을 미치고 있는 고대의 역사서도 역시 동양보다 서양이 앞서고 있는 것이다.

헤로도토스가 태어난 해를 기원전 480년경이라고 기술하는 책[13]도 있고 기원전 485년경이라고 기술하는 책[14]도 있고 기원전 490년경이라고 기술하는 책[15]도 있다.

---

12) 池田嘉郞/上野愼也/村上 衛/森本一夫 編, 『名著で讀む世界史 120』, 山川出版社, 2016年, 96面.
13) HERODOTUS, 『The Histories』 Translated by Tom Holland, Penguin Books, 2015.
14) Herodotus, 『The Histories』 Translated by Robin Waterfield, Oxford University Press, 2008.
15) HERODOTUS, 『The Histories』 Translated by Aubrey de Sélincourt, Penguin Books, 2003.

이 책의 본문서문
(本文序文)

  이 책은 한반도를 둘러싼 대륙세력과 일본세력이 얽혀 전쟁한 역사적 사실들만 추출해서 10장으로 구성하여 역사를 기술한다. 시기적으로는 삼국시대인 4~6세기 임나일본부(任那日本府) 및 663년의 백촌강전투부터 1931년 만주사변, 1937년 중일전쟁, 1941년 태평양전쟁 그리고 한국전쟁까지의 관련 역사이다. 4~6세기부터 한국전쟁이 일어난 1950년경까지이다.

  '역사의 기본적 사실'은 한국에서 출판된 한국사를 기본으로 하고, 역사의 기본적 사실에 대한 '역사적 시각 혹은 관점'은 일본에서 출판된 일본사 및 세계사와 영미에서 출판된 역사서 등을 기본으로 하였다. 역사에 대하여 객관적인 눈으로 바로보기를 해야 한다는 생각에서이다. 타인의 시각이 곧 자신에 대한 객관적 시각이기 때문이다.

  저자는 일본에서 출판된 일본역사서인 '佐藤信·五味文彦·高埜利彦·鳥海靖 編, 『詳說 日本史硏究』, 山川出版社, 2020年'을 주된 참고자료로 했다. 이 책은 일본역사서이지만 일본과 관련된 동아시아의 역사적 사실을 훌륭하게 기술하고 있다. 객관적이면서도 편파되지 않게 기술되어 있어서 역사왜곡과는 거리가 멀어 보인다. 오히려 한국의 역사서가 역사왜곡에 가까워 보인다는 것을 느꼈다. 저자가 느끼기에는 위 일본역사서를 기본으로 해서 추가자료를 많이 수집하여 연구한다면 한국의 대학교에서도 역사학과의 석사 및 박사는 어렵지 않게 취득할 수 있을 것으로 보인다.

이 책은 삼국시대부터 현대에 이르기까지 한반도(한국)를 둘러싼 전쟁사를 상세하게 다루지만 주로 중국대륙, 한국, 일본이 관련된 전쟁사만을 기술하기 때문에 독서하기가 어렵지 않은 편이다.

한국의 지리적 위치는 중국대륙세력과 일본해양세력이 만나는 지점이기 때문에 한국의 역사는 외국세력에 의해 침략당한 통한(痛恨)의 역사이다. 이 책에서는 비록 10개의 전쟁사만 다루었지만 역사를 통관하여 중요한 전쟁사를 다루고 있기 때문에 중고등학생들이 이 책을 독서해 둔다면 정규교육현장에서 국사공부를 하는데 있어서 상당히 도움이 될 것이다. 한자공부도 겸하게 하기 위해서 고유명사에는 괄호( ) 안에 한자 표기를 덧붙였다. 우리 한글과 한자를 비교해 가면서 독서하면 여러모로 다양하게 더 많이 알게 될 것이다. 우리 한글만으로는 의미전달이 명확하지 못한 경우가 많다는 것을 깨닫게 될 것이고 우리 한글은 결국 한자의 도움을 받아야만 명확한 쓰임을 갖출 수 있다는 것을 알게 될 것이다.

서양역사서의 내용이 신화에서 사실로 변화해 갈 때 동북아시아의 역사는 아직 신화의 단계에 머물고 있었다. 기원전 660년 일본의 제1대 천황인 진무천황(神武天皇)이 기록된 신화는 미화되어 있고 유치하기까지 하다. 기원전 660년에 있었던 일본의 제1대 진무천황에 관한 이야기는 현존하는 일본에서 가장 오래된 역사서인 『고사기(古事記)』와 『일본서기(日本書紀)』에 기재되어 있다. 『고사기(古事記)』는 712년에 편찬되었고 『일본서기(日本書紀)』는 720년에 편찬되었기 때문에 제1대 진무천황의 이야기는 1370여 년을 소급

해서 기술한 역사인 것이다. 이 때문에 역사의 정확도가 떨어지는 것은 당연한 것이지만 여전히 신화의 세계에서 벗어나지 못하고 있는 것이다.[16]

동북아시아의 한반도를 둘러싼 중국대륙강국과 일본해양강국의 전쟁은 대륙세력과 해양세력의 충돌이라는 면에서 유럽대륙과 영국의 충돌과 비슷한 면이 있다. 동북아시아의 해양강국 일본은 한반도에 자리 잡은 남북한을 포함한 한국보다 지리면적도 1.7배 이상 크고 인구 면에서도 최소한 1.5배 이상 큰 나라로 한국은 역사적으로 상대가 안 됐을 뿐만 아니라 현대에도 상대가 안 된다. 역사적으로 일본은 자기보다 훨씬 큰 나라인 중국을 침략하려고 하기도 했고, 실제로 침략해서 중국의 상당지역을 점령하기도 했다. 임진왜란과 만주사변 및 중일전쟁이 그렇다. 반면 중국대륙의 강국은 일본을 침략해서 일본을 일부지역이라도 점령했던 적이 없다.

유럽대륙과 유럽의 해양강국인 영국의 충돌을 보면, 영국이 유럽대륙을 침략한 사례는 거의 없어 보인다. 영국은 유럽대륙의 개별국가와 각각 전쟁을 한 적이 있을 뿐이다. 반면 유럽대륙이 해양강국인 영국을 침략하려다 실패한 적이 몇 번 있다. 나폴레옹과 히틀러가 각각 영국을 공격했으나 영국본토 상륙에는 실패한 사실은 유명한 역사적 사실이다.

---

16) 김희영, 『궁금해서 밤새 읽는 일본사』, 청아출판사, 2019년, 13-14면.

영국도 유럽의 해양강국이지만, 현재 영국의 지리면적보다 일본의 지리면적이 1.5배 크고 영국의 인구수보다 일본의 인구수가 2배 정도 크기 때문에 적어도 제2차 세계대전이 발발할 무렵 이후부터는 영국보다는 일본이 더 큰 강국이라고 할 수 있겠다.

서기 1000년 무렵 이후로 중국대륙의 강국이 일본을 정복했던 적이 없는 것과 유럽대륙의 강국이 영국을 정복했던 적이 없는 것은 유사한데, 정복하지 못한 주된 이유는 태풍, 바다 등 자연환경이었다. 각각 대륙세력이 일본과 영국을 침략하기 위해서는 바다를 건너가야 했는데 대군을 거느리고 바다를 무사히 건너가는 것은 굉장히 어려운 일이었기 때문이다. 대군을 거느리고 큰 강을 무사히 건너가는 것도 어려운 일인데 매번 바다를 무사히 건너가는 것은 굉장히 어려운 것이었다. 일본과 영국은 바다와 폭우 등의 나쁜 날씨가 국가를 방어해 주는 자연의 방패였던 것이다.

한반도와 동아시아의 자연재난은 크게 태풍, 홍수, 지진이 있다. 태풍은 필리핀 부근에서 발생하여 북상하다가 대체로 제주도 부근에서 오른쪽으로 진로를 바꿔 일본열도를 강타한다. 원나라가 고려와 연합하여 일본을 정복하려다가 실패한 이유도 태풍 때문이었다. 홍수로 인한 피해를 가장 크게 받는 나라는 동양 삼국 중 중국이다. 동양 삼국은 7~8월에 장마철을 맞이한다. 특히 황하(黃河)의 범람이 가장 심각하다. 중국에 비하면 한반도는 홍수피해가 적은 편이다. 지진은 일본열도가 가장 심하고 중국내륙도 마찬가지다. 한반도는 상대적으로 안전한 편이다.

한반도의 쾌적한 자연환경은 예부터 대륙에 거주하는 중국인의 피난지로 떠올랐다. 중국 북방의 넓은 초원에서 살던 유목민들이 주기적으로 식량을 구하기 위해 뛰어난 기마술(騎馬術)을 이용하여 중국을 압박하면, 중국 동북지역에서 아사달문명(동이문명(東夷文明)이라고도 한다.), 농경문화를 공유하던 지배층은 난리를 피하여 한반도로 이주했다. 이런 일이 수천 년간 반복되면서 한반도의 아사달문명(阿斯達文明)도 급속하게 발전되어 갔다. 그러나 북방 유목민도 농경문화를 동경하면서 아사달문명사회로 이주하여 한반도에는 유목민문화와 농경문화가 뒤섞이게 된 것이다. 특히 만주지역에서 일어난 부여와 고구려는 유목민문화의 영향을 더 크게 받았다. 고구려 사람들이 말을 잘 타고 전쟁에 능한 이유가 여기에 있다. 대륙의 지배층 이주민들이 한반도로 이주하면서 새로운 국가가 건설되고 문화가 성장한 것은 사실이지만, 다른 한편으로는 이주민들 사이의 국가 간 경쟁이 치열해지면서 전쟁을 피해 일본열도로 들어가 그곳에 새로운 고대국가를 건설한 것이 일본역사의 시작이다. 나중에 일본은 해양강국으로 성장하여 중국대륙세력을 공격하는 일이 있게 된다.[17]

---

17) 한영우, 『다시찾는 우리역사』 제2전면개정판, 경세원, 2022년, 25-26면.

目次

역사일반서문(歷史一般序文) ···································· 5
이 책의 본문서문(本文序文) ···································· 10

제1장
임나일본부(任那日本府)와
광개토왕릉비문에 관한 논쟁(4세기~6세기) ·················· 18

제2장
백촌강(白村江)전투(663년) ······································ 32

제3장
몽고와 일본의 전쟁(1231년~1273년) ·························· 39

제4장
왜구(倭寇)와 중국인, 한국인, 일본인(14세기~16세기) ······ 50

제5장
임진왜란(1592년~1598년) ······································ 57

제6장

정유재란(1597년~1598년) ··· 61

제7장

청일전쟁(1894년~1895년) ··· 67

제8장

러일전쟁(1904년~1905년) ··· 73

제9장

만주사변, 중일전쟁, 태평양전쟁(1931년~1945년) ················ 83

제10장

조선전쟁(朝鮮戰爭 = 한국전쟁)(1950년~1953년) ··················· 91

맺음말 ··· 96

★★★

제1장

임나일본부(任那日本府)와 광개토왕릉비문에 관한 논쟁(4세기~6세기)

일제강점기 일본학자들은 '남한경영론'이라 하여 임나일본부(任那日本府)가 일본이 4~6세기에 걸쳐 가야땅에 설치한 통치기구라고 주장했다. 그것이 역사왜곡인지 논란이 된 적이 있었다.

가야(加耶)는 일본과의 관계가 깊어서, 720년에 완성된 일본의 역사서 『일본서기(日本書紀)』에는 임나일본부(任那日本府)라고 불리는 출선기관(出先機關)이 설치되어 있었다고 기재되어 있다. 일본부(日本府)는 교역(交易)과 문화교류의 거점이고, 일본의 조선반도(朝鮮半島 = 한반도(韓半島)) 진출을 위한 군사기지로서의 역할을 하는 일본인 자치구역이라고도 생각되고 있다.[18]

『일본서기(日本書紀)』는 사인친왕(舍人親王) 등이 나라시대(奈良時代)에 편찬한 것으로 일본에서 가장 오래된 정사이다. 『일본서기(日

---

18) 六反田豊 監修, 『一冊でわかる韓國史』, 河出書房新社, 2022年, 50面.

本書紀)』는 신대(神代)부터 697년(지통천왕(持統天皇) 11년) 8월에 이르기까지를 기록한 한문체(漢文体)의 역사서이다. 30권(卷), 계도 (系図) 1권(卷)으로 구성되어 있다. 계도(系図)는 현존하지 않는다.[19]

고대(古代)의 한반도(韓半島), 지금의 경상남도 일원에 변진(弁辰) 의 열두 자치국이 세워졌다. 이들 자치국은 흔히 '가라'로 불렸다. '가라'는 '큰 연못'이라는 뜻이다. 자치국들이 둑으로 물을 막고 큰 연못을 만든 뒤 그 부근에 자치부를 세웠기 때문이다. '가라'는 이두 로 가라(加羅)·가락(駕洛)·가야(加耶)·구야(狗耶)·가야(伽倻) 등으로 표 기됐다. 야(耶)·야(倻) 등은 고어(古語)에서 '라'로 발음됐다. 오늘날의 고령 앞을 흐르는 물을 막고서 만든 '가라'가 '밈라가라'이다. 이두로 는 미마나(彌摩那) 혹은 임나(任那)로 표기했다. '밈라가라'는 6가라 중에서 후손 때에 가장 강력해졌기 때문에 역사에서는 '대가라' 혹은 '대가야'라고 불렀다.[20] 변진(弁辰)의 열두 자치국이 6가라로 발전해 가는 과정은 이 책의 연구범위 밖이다.

임나(任那)는 대가야(大伽耶)의 다른 이름이다. 일본에서 말하는 임 나(任那)는 대가야(大伽倻)이다.[21] 신라역사에서 대가야가 망한 해(年)

---

19) 公益財団法人 東洋文庫 編, 『記録された記憶』, 山川出版社, 2015年, 36面.
20) 신채호 지음/김종성 옮김, 『조선상고사(朝鮮上古史)』, ㈜시공사, 2023년, 197-199면.
21) 정약용 지음/이민수 옮김, 『아방강역고(我邦疆域考)』, 종합출판 범우, 2022년, 146면.

가 일본역사에서 신라가 임나부를 쳐부수었다는 해(年)와 맞아떨어지기 때문에, 임나(任那)가 대가야(大伽耶)임은 의심의 여지가 없다.[22]

임나(任那)사신의 일본에의 왕래와 교섭이 여러 차례 있었다.[23] 일본사(日本史)에는 고구려, 백제, 신라, 발해 등 여러 나라가 사신을 보내온 것을 들어 모두 조공(朝貢)을 바치러 온 것이라고 했는데, 그대로 믿을 수는 없다.[24]

백제는 고이왕(古爾王, 234~286) 때 다져진 국가체제를 바탕으로 4세기 중엽의 근초고왕(近肖古王, 346~375) 때에는 백제의 전성기를 가져왔다. 근초고왕은 대대적인 영토확장에 나서 남쪽으로 마한(진국)을 멸하여(369) 전라남도 해안가까지 진출하였다.[25]

4세기 후반에 백제는 고구려 및 신라에 대항하여 세력을 확장하기 위해서 왜(倭)와의 관계를 강화시켜 나갔다. 한편, 고구려는 4세기 말부터 5세기 초까지의 광개토왕(廣開土王 = 호태왕(好太王)) 시대에 영토를 확장해서 백제와 신라를 압박했다. 현재 중국 길림성 집안(集安)에 남아 있는 광개토왕비(廣開土王碑)의 비문(碑文)에는,

---

22) 정약용 지음/이민수 옮김, 『아방강역고(我邦疆域考)』, 종합출판 범우, 2022년, 152면.
23) 정약용 지음/이민수 옮김, 『아방강역고(我邦疆域考)』, 종합출판 범우, 2022년, 146면.
24) 정약용 지음/이민수 옮김, 『아방강역고(我邦疆域考)』, 종합출판 범우, 2022년, 149면.
25) 한영우, 『다시찾는 우리역사』 제2전면개정판, 경세원, 2022년, 105면.

백제나 신라를 고구려에 복속(服屬)하는 조공국(朝貢國)으로 간주함과 동시에 조선(朝鮮)에 침공해 온 왜(倭)의 군대를 물리친 일이 기록되어 있다.[26]

백제와 일본과의 관계는 근초고왕 때 더욱 강화되었다. 지금 일본 '나라'의 덴리시(天理市)에 있는 이소노카미 신궁(石上神宮)에 보관 중인 칠지도(七支刀)에 새겨진 명문(銘文)을 보면, 기사년(己巳年)에 백제왕이 일본제후에게 하사한 칼이라고 되어 있다. 기사년은 백제의 근초고왕 24년에 해당하여 이때 하사한 칼로 보인다. 근초고왕 24년은 369년으로 백제가 마한(진국)을 멸하여 전라남도 해안가까지 진출한 해이다. 새겨진 글귀에 "많은 적병을 물리칠 수 있는 칼이므로 제후의 왕들에게 나누어 줌이 마땅하다. 후세에 전하라."라고 되어 있다.[27]

가야는 고구려, 백제, 신라 삼국이 나라를 세우던 기원전 후한 시기에 낙동강하류의 변한(弁韓)지역에서 진왕의 지배를 받지 않고 독립된 정치세력을 이루었다. 이들이 가야제국(加耶諸國)이다. 연맹국가(聯盟國家)로 6가야(伽倻) 또는 가락국(駕洛國)이라고 한다. 가야는 일본 규슈(九州)와 거리가 가까워서 많은 가야인들이 규슈로 이주하여 작은 나라를 세우고 살면서 본국에 왕래하며 상거래를 했다. 백제인들도 일본 규슈(九州)로 가서 살았다. 이들 백제-가야계 일본인

---

26) 木村靖二·岸本美緒·小松久男 編, 『もういちど讀む山川世界史PLUS アジア編』, 山川出版社, 2022年, 83-84面.
27) 한영우, 『다시찾는 우리역사』 제2전면개정판, 경세원, 2022년, 105-106면.

을 당시 '왜인(倭人)'이라고 불렀다. 가야연맹은 김해를 중심에 두고 지금의 경상북도 상주(尙州)지역에까지 걸쳐 있어 그 판도가 결코 작지 않다. 그럼에도 통일된 고대국가로 발전하지 못한 것은 산악지역이 많았고, 이웃한 백제와 신라의 공격을 받아 힘을 축적하기 어려웠고, 일본 규슈(九州)지역으로 힘이 분산되었기 때문이다. 남해안 지역의 가야국들은 4세기 후반 백제의 근초고왕의 공격을 받아 백제에 통합되었고, 6세기 이후로 김해의 금관가야와 고령지방의 대가야(大伽倻)는 신라에 통합되었다. 이로써 600년에 가까운 가야의 역사는 종말을 고했다.

가야의 역사를 말하면서 빼놓을 수 없는 문제가 임나일본부(任那日本府)에 관한 사실여부이다. 임나일본부(任那日本府)에 관한 기록은 오직 『일본서기(日本書紀)』에 있다. 일제강점기 일본학자들은 '남한경영론'을 주장하여 임나일본부(任那日本府)가 일본이 4~6세기에 걸쳐 가야 땅에 설치한 통치기구인 것처럼 주장하고, 고령에 기념비를 세워 놓기까지 했다. 일본으로부터 해방한 이후, 일본학자들의 남한경영론에 대하여 한국학자들 사이에는 오히려 고구려, 백제, 신라 삼국이 일본열도에 분국(分國)을 설치하였다는 '일본열도경영설'이 제기되기도 하였다. 한국학자들의 '감정적 보복'인지도 모른다.

한국학자들 사이에는 임나일본부(任那日本府)가 백제-가야 사람들이 일본에 설치한 것으로 보는 견해(1966년 북한의 김석형), 일본이 대마도에 설치했다는 견해, 한반도에 있었던 기구로 그 기능은 백제 또는 백제-가야가 일본과 무역하기 위하여 세운 상관(商館)이

거나 군사 지휘부로 보기도 한다.[28]

　임나일본부(任那日本府)는 상관(商館)으로 보는 것이 적절해 보인다. 조선시대에 일본인이 거주하던 작지 않은 마을인 왜관(倭館)은 상관(商館)의 일종인데 외교와 통상(通商 = 교역(交易))의 임무를 맡았다. 왜관(倭館) 마을에는 대마도번(対馬島藩)의 일본인 관리(役人)와 상인(商人)이 주재(駐在)했었다.

　임나일본부(任那日本府)가 설치된 지역은 대가야(大伽倻)이다. 일본에서 말하는 임나(任那)는 대가야(大伽倻)이기 때문이다. 대가야(大伽倻)의 위치는 오늘날의 고령이다. 임나일본부(任那日本府)가 설치되었던 고령군은 대한민국 경상북도 남부에 위치한 지역이다. 오늘날 왜관읍(倭館邑)이 있는 칠곡군도 경상북도 서남부에 위치한 지역이다. 공교롭게도 고령군과 칠곡군은 같은 경상북도 내에 위치해 있고 거리도 멀지 않다. 『고등학교 지리부도』의 지도를 보고 직선거리를 재 보니 고령군과 칠곡군의 거리는 약 32㎞ 정도이다.[29]

　왜관(倭館)은 조선시대에 일본인이 거주하던 마을로, 조선과 일본 간에 외교 의례와 무역이 이루어진 공간이다.[30]

　일본에서 말하는 임나(任那)는 대가야(大伽倻)이다. 임나(任那)는

---

28) 한영우, 『다시찾는 우리역사』 제2전면개정판, 경세원, 2022년, 113-115면.
29) 박철웅 외 6인, 『고등학교 지리부도』, ㈜미래엔, 2018년, 16-17면.
30) 인터넷 검색 「한국민족문화대백과」

대가야(大伽耶)의 다른 이름이기 때문이다.[31] 따라서 '임나일본부(任那日本府)'를 문자 그대로 해석하면, '대가야(大伽耶)에 있는 일본인 관청과 마을'이다. 대가야에서 맡고 있는 임나일본부(任那日本府)의 임무(任務)는 외교 의례와 무역이라고 본다면 삼국시대의 '임나일본부(任那日本府)'는 조선시대의 왜관(倭館)과 같은 것으로 보인다.

참고로 임나일본부의 '일본부(日本府)'라는 명칭과 관련하여 '부(府)'의 의미를 탐구하는 데 있어서 참고가 되는 것이 대재부(大宰府)이다. 다자이후(大宰府)는 옛날 일본 구주(九州)의 치쿠젠(筑前)지방에 설치되었던 관청으로 구주(九州)·일기(壱岐)·대마(対馬)를 관할하고 외적을 막으며, 외교에도 관계하였다. 일본은 외교 및 국방상 최중요지(最重要地)인 일본의 서해도(西海道)에 대재부(大宰府)를 설치하여 구주 전반(九州全般)의 민정(民政) 및 군사(軍事)를 총괄하게 했다.[32]

왜관(倭館) 중 하나인 부산왜관에 대하여 설명하면 다음과 같다.

1609년, 부산(釜山)의 왜관(倭館)이 설치되는 근거는 대마도의 번주(藩主) 종씨(宗氏)와 조선(朝鮮) 사이에 체결된 기유약조(己酉約條)이다. 무역(貿易)의 무대가 된 부산(釜山)의 왜관(倭館)은 대략 30만㎡ 넓이의 부지에 500~600명 사이의 대마도번(対馬島藩)의 관리

---

31) 정약용 지음/이민수 옮김, 『아방강역고(我邦疆域考)』, 종합출판 범우, 2022년, 146면.
32) 佐藤信·五味文彦·高埜利彦·鳥海靖 編, 『詳說 日本史研究』, 山川出版社, 2020年, 69面.

(役人(역인))와 상인(商人)이 주재(駐在)했고, 외교와 통상의 임무를 맡았다.[33]

1678년 조선정부는 대규모의 왜관(倭館)을 새롭게 건설했다. 일본에서는 부산항(釜山港)의 왜관을 화관(和館)이라고도 부른다. 이 신왜관(新倭館)에는 전용 선착장, 신사(神社), 진료소, 각종 점포 등을 설치했는데, 울타리(壁(벽))로 둘러싸인 마을 안에 배치했다. 쓰시마(対馬)에서 건너온 일본상인과 관리는 울타리 안에서 생활할 것을 요구받았다. 조선의 지방관부(地方官府)는 군대를 배치하여 일본인을 감시했다.[34]

한편, 1641년 덕천막부(德川幕府)는 오란다(네덜란드) 동인도회사에 대해 나가사키항의 데지마(出島)로 이사를 갈 것을 명했다(필자 주: 히라도(平戶)에서 데지마로 이사를 갈 것을 명했다). 데지마는 나가사키시에 있는 에도시대 일본과 무역관계에 있던 네덜란드를 위해 에도막부에서 설치한 무역 거주지구로 부채꼴 모양의 인공섬이다. 조그만 면적의 데지마에는 상관장(商館長) 및 부상관장, 서기, 창고지기, 목수, 조리사, 흑인 잡부 등 15명 내외의 인원만 거주했다. 원칙적으로 다른 사람들은 데지마 바깥으로 나올 수 없었지만, 대표인 상관장은 에도에 연례인사 목적으로 가는 일이 있었다. 데지마의 행정 관할은 원칙적으로 일본 측인 나가사키 부교(奉行)에게 있었고

---

[33] 佐藤信·五味文彦·高埜利彦·鳥海靖 編, 『詳說 日本史研究』, 山川出版社, 2020年, 255面.
[34] 岩井茂樹 著, 『朝貢·海禁·互市』, 名古屋大學出版會, 2021年, 317面.

일본 측 인원들도 상당수 데지마로 출입하여 업무를 보았다. 원칙적으로 공무상 출입이 허용된 일본 관리 이외 출입을 금지했고, 네덜란드인도 예외적인 경우를 제외하고 일본 체류 기간 동안 좁은 데지마 안에서만 지내야 했다. 하지만 데지마의 네덜란드 사람들은 일본 여성과 결혼하는 등 자유롭게 생활한 면도 있다.[35]

1689년에는 나가사키의 주민(町民(정민))에게 명하여 당인관(唐人館)을 건설시켰다(필자 주: 당인(唐人)은 중국인(中國人)을 말한다). 당인관(唐人館)은 최대 2,000명 정도를 수용할 수 있는 규모를 가지며 울타리와 성 주위를 판 호(壕)에 둘러싸여 있고, 나가사키의 시외(市外)에 위치해 있었다. 오란다(네덜란드) 선박의 선원들은 상륙을 허락받지 못하고, 선상에 머물 것을 요구받았다. 중국인 선원은 상륙해서 상인과 함께 당인관(唐人館)에 체재(滯在)했다. 이들 선원을 포함하여 무역을 하러 찾아온 외국인은 행동의 자유를 규제받았다. 당인관에는 관리에 따르지 않는 중국인(唐人(당인))을 잡아 가두는 감옥이 부설(附設)되어 있었다.[36]

당시 남한에 왜병이 들어온 것은 사실이지만 일본이 주장했었던 식민지관청인 일본부(日本府)의 존재는 인정하지 않는 것이 일반적인 경향이다.[37]

『일본서기(日本書紀)』에는 가야(加耶)의 여러 나라와 그 주변지역

---

35) 岩井茂樹 著, 『朝貢·海禁·互市』, 名古屋大學出版會, 2021年, 317面.
36) 岩井茂樹 著, 『朝貢·海禁·互市』, 名古屋大學出版會, 2021年, 317-318面.
37) 邊太燮, 『韓國史通論 四訂版』, 三英社, 2022년 발행, 81-83면.

을 임나(任那)라 부르고, 왜국(倭國 = 일본)의 식민지였던 것처럼 기술한다. 진한(辰韓)에서 신라가 일어나 국가를 형성한 것과 달리 변한(弁韓)은 통일되지 못하고 가야(加耶 = 加羅(가라))라고 불리는 소국연합(小國連合)이 5~6세기까지 계속되었다. 그러나 통일되지 못한 소국연합(小國連合)에 불과한 가야(加耶)와 왜(倭)의 관계가 밀접했던 것은 확실하지만, 가야(加耶)의 모든 나라는 각각 독립했던 소국무리(小國群)이며, 『일본서기(日本書紀)』의 기재는 분명히 잘못된 것이다.[38]

광개토왕(廣開土王)은 18세의 젊은 나이에 고구려의 임금(391~413)이 되어 적극적인 정복사업에 나선 인물이다.[39]

주의할 것은 광개토왕(廣開土王)의 사망년도는 광개토왕릉비문에 따르면 412년이고 『삼국사기』에 따르면 413년이다.[40] 이렇게 차이가 있을 경우에는 대체로 비문을 따르는 것이 일반적이다.[41]

고구려는 태조왕 대에 고대국가를 완성했다. 이어서 소수림왕 대에 국가적 토대를 견고히 하였다. 이후 광개토왕·장수왕 대에 이르

---

38) 佐藤信·五味文彦·高埜利彦·鳥海靖 編, 『詳說 日本史研究』, 山川出版社, 2020年, 36面.
39) 한영우, 『다시찾는 우리역사』 제2전면개정판, 경세원, 2022년, 103면.
40) 이기백, 『한글판 한국사신론』 1판, 주식회사 일조각, 2023년, 56면.
41) 邊太燮, 『韓國史通論 四訂版』, 三英社, 2022년 발행, 83면, 각주 19) 참고.

면 국토를 크게 확대하여 고구려의 전성기를 맞이한다. 광개토왕은 특히 활발한 정복사업을 전개하여 영토를 크게 넓혔으니, 그 사실은 현재 통구에 남아 있는 광개토왕릉비문으로부터 알 수 있다. 광개토왕릉비는 광개토왕이 죽은 후 그의 공적을 적어 세운 것이다.[42] 광개토왕은 죽은 뒤에는 국강상광개토경평안호태왕(國崗上廣開土境平安好太王)이라는 시호(諡號)를 받았다.[43] 비문(碑文)의 원문은 "國罡上廣開土境平安好太王"이다. 강(罡)은 강(岡)과 동자(同字)이다.[44]

참고로 일본역사서에는 광개토왕(廣開土王)을 호태왕(好太王)이라고 부르는 경우가 많다. 당시 고구려의 남진정책(南進政策)으로 고구려가 백제 및 가야를 압박하였는데, 철자원(鐵資源)의 확보를 위해 일찍부터 가야(加耶)와 밀접한 관계를 가지고 있던 왜국(倭國 = 야마토 정권(政權))도 백제 및 가야와 같은 편에 서서 고구려와 싸우게 되었다.[45]

---

42) 邊太燮, 『韓國史通論 四訂版』, 三英社, 2022년 발행, 83면.
43) 한영우, 『다시찾는 우리역사』 제2전면개정판, 경세원, 2022년, 103면.
44) 公益財團法人 東洋文庫 編, 『記錄された記憶』, 山川出版社, 2015년, 19面.
45) 佐藤信・五味文彦・高埜利彦・鳥海靖 編, 『詳說 日本史研究』, 山川出版社, 2020年, 36-37面 및 大津 透・久留島典子・藤田 覚・伊藤之雄, 『もういちど讀みとおす山川新日本史 上』, 山川出版社, 2022年, 17面과 高橋秀樹・三谷芳幸・村瀨信一, 『ここまで変わった日本史教科書』, 吉川弘文館, 2016年, 15面.

4세기 후반에 고구려도 한반도(韓半島) 남부의 철자원(鐵資源)을 구하기 위해 일찍부터 변한(弁韓)에서 일어난 가야(加耶 = 가라(加羅)) 여러 나라에 대한 지배를 목표로 삼고 남하하고 있었다. 그 시기 왜(倭)라고 불리고 있던 일본에서는 야마토 정권(政權)이 지방(地方)에 대한 정벌을 진행하고 있던 중이었다. 이 때문에 왜(倭)는 철자원(鐵資源)의 확보를 위해 한반도(韓半島) 남부의 가야(加耶)를 위시하여 신라·백제와 밀접한 관계를 가지고 고구려에 대항하고 있었다. 광개토왕비문(廣開土王碑文)에는 왜(倭)가 고구려·신라와 싸운 일이 기록되어 있다.[46] 왜(倭)의 군대가 신묘년(辛卯年) 이래, 한반도(韓半島) 남부에 진출했고, 고구려군대가 왜(倭)의 군대와 싸웠다는 기록이다. 신묘년(辛卯年)은 391년이다.[47]

광개토왕릉비는 장수왕 2년(414)에 세운 것으로 높이가 약 6.39m이다. 약 1,775자의 문자가 새겨져 있다. 이 광개토왕릉비문을 처음 발견한 것은 1882년 만주를 여행하던 일본군 참모본부의 밀정이던 사카와 중위이다. 일본학자들은 비문을 쌍구본(雙鉤本)으로 탁본(拓本)한 것을 가지고 비문해독을 시작했다. 쌍구본(雙鉤本)이란, 글씨의 획의 테두리를 가느다란 선으로 그리고서 먹물을 채워 넣는 방법을 말한다. 일본과 거의 같은 시기에 청나라학자들도 비문을 탁본하여

---

46) 公益財団法人 東洋文庫 編, 『記錄された記憶』, 山川出版社, 2015年, 18面.
47) 五味文彦·鳥海靖 編, 新 『もういちど讀む山川日本史』, 山川出版社, 2017年, 29面.

판독하기 시작했다. 광개토왕비문 가운데 가장 논란이 많은 부분은 광개토왕 6년(396)의 백제 원정 기사이다.

가장 논란이 많은 부분은 "百殘新羅 舊是屬民 由來朝貢 而倭以辛卯年來 渡海破百殘 □□新羅 以爲臣民"이라는 구절이다.
(위 □□로 표시한 부분은 자연적인 손상 내지는 인위적인 파손으로 인하여 현재 판독이 불가능한 상태의 한자(漢字) 2개를 표시한 것이다.)

일본학자들은 이 구절의 주어를 왜(倭)로 해석하여 판독했다. '백제와 신라는 예부터 왜의 속민으로서 조공을 바쳐 왔는데, 왜(倭)는 신묘년에 바다를 건너 백제와 신라를 격파하고 신민으로 만들었다.' 이것이 일본학자들의 남한경영설이다.

일제강점기에 정인보(鄭寅普)는 일본과 다르게 판독했다. '백제와 신라는 예부터 고구려의 속민으로 조공을 바쳐 왔는데, 신묘년에 왜가 왔으므로 고구려가 바다를 건너 백제를 격파하고 신라를 신민으로 삼았다.'라는 것이다.

1945년 광복 후 광개토왕비문에 대한 연구자들이 늘어나면서 비문을 둘러싼 논쟁은 그치지 않고 있다.[48] 저자의 관점으로는, 바다를 건넌 주체만 따져 볼 때 지도상으로는 고구려가 바다를 건넜다는 사실보다 왜(倭)가 바다를 건넜다는 사실이 더 적합한 사실로 보인다.

---

48) 한영우, 『다시찾는 우리역사』 제2전면개정판, 경세원, 2022년, 103면 및 邊太燮, 『韓國史通論 四訂版』, 三英社, 2022년 발행, 83-84면.

한반도의 남한에서는 일찍부터 백제와 왜의 세력이 가야연맹에 압박을 가하였다. 특히 광개토왕이 고구려의 왕일 때인 400년에는 고구려군이 신라에 침입해 왜군을 추격하면서 가야에까지 침범한 사실이 있었다. 한때 일본학자들은 가야연맹에 일본세력이 침투하여 임나일본부(任那日本府)가 설치되었다는 남한경영론을 주장하였다. 그러나 그 이후 한국학자들 사이에는 오히려 고구려, 백제, 신라 삼국이 일본열도에 분국(分國)을 설치하였다는 일본열도경영설이 제기되었다. 당시 남한에 왜병이 들어온 것은 사실이지만 일본부(日本府)의 존재는 부정하는 것이 일반적인 경향이다.[49]

---

49) 邊太燮, 『韓國史通論 四訂版』, 三英社, 2022년 발행, 82면 및 佐藤信·五味文彦·高埜利彦·鳥海靖 編, 『詳說 日本史硏究』, 山川出版社, 2020年, 36面.

★ ★ ★

제2장

백촌강(白村江)전투(663년)

일본에서는 백촌강(白村江)전투가 '왜(倭)'에서 '일본(日本)'으로의 역사적 전환기가 된 고대 최대의 전투라는 평가가 지배적인 것 같다.[50]

백촌강(白村江)은 어디인가?
우리나라 역사학자 한영우의 책에는 백촌강의 위치에 대하여 백마강, 동진강, 만경강 등 세 학설이 있다고 기술하고 있다.[51] 백촌강(白村江)은 백강(白江)이라고도 불리며 현재의 금강(錦江)하류를 말한다.[52] 백강(白江)은 금강(錦江)하류를 말한다.[53] 백촌강을 백마강이

---

50) 朝日新聞出版 編著, 『再現イラストでよみがえる日本史の現場』, 朝日新聞出版, 2022年, 34-35面.
51) 한영우, 『다시찾는 우리역사』 제2전면개정판, 경세원, 2022년, 119면, 각주 17번 참고.
52) 六反田豊 監修, 『一冊でわかる韓国史』, 河出書房新社, 2022年, 64面.
53) 邊太燮, 『韓國史通論 四訂版』, 三英社, 2022년 발행, 93면.

라고도 부른다.[54]

"백촌강(白村江)"은 『일본서기(日本書紀)』에서 쓰인 표현이며, 일본에서는 'はくそんこう(하쿠손코우)' 또는 'はくすきのえ(하쿠수키노에)'라고 읽고 있다. 중국의 『구당서(舊唐書)』 『신당서(新唐書)』에는 "백강(白江)"이라고 씌어 있고, 조선의 역사서 『삼국사기(三國史記)』에는 "백사(白沙 = 백색 모래벌판)"이라고 씌어 있다.

역사용어(歷史用語)는 역사를 이해하기 위한 도구로서, 백촌강(白村江)이 백촌강전투가 벌어진 때로부터 반세기(半世紀) 정도 지난 후에 편찬된 『일본서기(日本書紀)』에 표현되어 있는 지명(地名)이기 때문에 현재의 교과서 표기에 정착된 것이다.[55] 『일본서기(日本書紀)』는 720년에 완성된 역사서이다.[56]

---

54) 신채호 지음/김종성 옮김, 『조선상고사(朝鮮上古史)』, ㈜시공사, 2023년, 522면.

55) 五味文彦·鳥海靖 編, 『新 もういちど讀む山川日本史』, 山川出版社, 2017年, 43面 및 森 公章, 『戰爭の日本史1 東アジアの動亂と倭國』, 吉川弘文館, 2014年, 251-254面과 佐藤信·五味文彦·高埜利彦·鳥海靖 編, 『詳說 日本史硏究』, 山川出版社, 2020年, 59面 및 大津 透·久留島典子·藤田 覚·伊藤之雄, 『もういちど讀みとおす山川新日本史 上』, 山川出版社, 2022年, 21面, 30面.

56) 佐藤信·五味文彦·高埜利彦·鳥海靖 編, 『詳說 日本史硏究』, 山川出版社, 2020年, 86面 및 竹內淸乃 編集, 『日本書紀 編纂一三〇〇年』, 平凡社, 2020年, 8面.

백촌강전투는 663년에 있었던 사건이다. 『구당서(舊唐書)』는 945년에 완성되었다. 『신당서(新唐書)』는 1060년에 완성되었다. 『삼국사기(三國史記)』는 1145년에 완성되었다. 663년에 있었던 백촌강전투가 끝난 후 가장 이른 시기인 720년에 편찬된 『일본서기(日本書紀)』가 가장 신빙성이 있어 보이기 때문에 '백촌강(白村江)'이라는 표현을 사용하는 것이 합리적이다. 또한 일본은 백촌강(白村江)전투에 대규모 병력을 파견하였고 또 크게 패배했기 때문에 일본으로서는 '백촌강'은 결코 잊을 수 없는 지명일 것이다. 따라서 『일본서기(日本書紀)』에서 쓰인 표현인 백촌강(白村江)이라는 표현을 역사서에 사용하는 것이 보다 합리적이다.

『일본서기(日本書紀)』에는 『백제기(百濟紀)』·『백제본기(百濟本紀)』·『백제신찬(百濟新撰)』 같은 역사책이 인용되고 있으나, 이들은 모두 백제가 망한 뒤 일본에서 편찬된 것으로 백제시대의 저술은 아니다.[57] 이것은 백제와 일본의 친밀도를 나타내 주는 하나의 예이다.

백촌강(白村江)전투에 대해서 일본의 각종 역사서는 풍부하게 기술하고 있는 데 반하여, 한국의 역사교과서에는 언급이 없거나 간략히 언급하는 데 그친다. 한국의 역사학자 이기백의 『한국사신론』에는 언급이 전혀 없다.[58] 변태섭의 역사교과서에도 언급이 없다.[59] 한

---

57) 이기백, 『한글판 한국사신론』 1판, 주식회사 일조각, 2023년, 75면.
58) 이기백, 『한글판 한국사신론』 1판, 주식회사 일조각, 2023년, 83-85면.
59) 邊太燮, 『韓國史通論 四訂版』, 三英社, 2022년 발행, 94면.

영우의 역사교과서에만 2줄 정도 간략하게 언급되어 있을 뿐이다.[60] 그 이유가 무엇인지 궁금하다.

백촌강(白村江)전투는 일본이 패배한 전투이고 일본열도에서 발생한 사건도 아니고 한반도에서 발생한 사건임에도 일본 역사교과서에는 아주 자주 그리고 많이 기술되어 있다. 반면 한국의 신라가 당나라군과 연합하여 일본에 승리한 전투인데 한국 역사교과서에는 거의 기술되어 있지 않다.

서기 655년, 조선반도(朝鮮半島)에서는 고구려와 백제가 연합해서 신라에 침공했다. 신라는 당나라에 구원을 요청했고, 당나라의 고종(高宗)은 660년(일본의 斉明天皇 6년) 먼저 백제로 출병해서 백제의 수도 부여(扶余)를 함락했고 의자왕(義慈王)은 항복했다. 그래서 백제는 멸망했지만 각지에 남은 백제의 유신(遺臣)들이 백제를 부흥하기 위해서 일어나, 왜국(倭國)에 체재(滯在)하고 있던 백제의 왕자 풍장(豊 璋, 생몰년미상(生沒年不詳))의 송환과 원군의 파견을 요청해 왔다. 왜국(倭國)의 제명천황(斉明天皇, 在位 655~661년)과 중대형황자(中大兄皇子)는 백제를 부흥시켜서 조선반도(朝鮮半島)에 있어서 왜국(倭國)의 우위성을 부활시킬 생각으로, 백제를 구원할 대군(大軍)을 파견하기로 결정했다.

661년, 중대형황자(中大兄皇子)는 제명천황(斉明天皇)과 함께 츠쿠시(筑紫)로 출병했고, 제명천황(斉明天皇)의 사후에는 대왕의 자리에 오르지 못한 채 전쟁을 지휘했다. 662년에는 대군을 이끌고 바

---

60) 한영우, 『다시찾는 우리역사』 제2전면개정판, 경세원, 2022년, 120면.

다를 건넜지만 다음해(663년 = 천지천황(天智天皇) 2년)에 백촌강(白村江)전투에서 당나라와 신라의 연합군에게 크게 패했다.⁶¹⁾

백제를 원조하기 위해 일본에서 건너온 병선 400척의 왜국군대는 백마강(= 백촌강 = 백강) 위에서 신라 및 당나라군대와 전투를 벌였다. 강의 상류를 타고 내려온 신라 함선이 왜국의 병선 400척과 정면으로 충돌하여 불을 질러 배를 태우자, 왜국군대는 패배하여 전부 물속에 빠져 죽었다.⁶²⁾

참고로 츠쿠시(筑紫)는 '구주(九州)'지방의 옛 이름이다. 츠쿠시(筑紫)는 예전에 '치쿠젠(筑前)'·'치쿠고(筑後)'에 해당하는 구주(九州) 북부지역이다.

백제가 당나라와 신라의 연합군에 의하여 멸망하는 과정을 좀 더 구체적으로 기술하면 다음과 같다.

660년에 신라와 당은 소정방(蘇定方)과 신라인 김인문(金仁問)을 각각 대총관과 부총관으로 삼아 13만의 대군을 꾸려 백제 공격에 나

---

61) 佐藤信, 五味文彦, 高埜利彦, 鳥海靖 編, 『詳說 日本史研究』, 山川出版社, 2020年, 59面 및 森 公章, 『戦争の日本史1 東アジアの動乱と倭國』, 吉川弘文館, 2014年, 251-254面과 大津 透·久留島典子·藤田 覚·伊藤之雄, 『もういちど讀みとおす山川新日本史 上』, 山川出版社, 2022年, 30면 및 佐々木潤之介·佐藤 信·中島三千男·藤田 覚·外園豊基·渡辺隆喜, 『槪論 日本歷史』, 吉川弘文館, 2021年, 14面, 17面.

62) 신채호 지음/김종성 옮김, 『조선상고사(朝鮮上古史)』, ㈜시공사, 2023년, 522면.

섰다. 당나라군은 바다로 들어왔고 신라군은 육로로 진격했다. 백제의 계백(階伯)장군은 항전했으나 패하고 말았다. 드디어 백마강 유역에 위치한 백제의 수도 사비(泗沘)가 점령당했다. 웅진(熊津)으로 피난 간 의자왕은 항복했다. 의자왕은 백제의 마지막 왕이 된 것이다.

참고로 사비(泗沘)는 오늘날 부여이고 웅진(熊津)은 오늘날 공주이다. 백제의 초창기 수도는 한성이었다. 북쪽에서 고구려 장수왕의 공격을 받아 한성이 함락되고(475년), 개로왕이 잡혀 죽었다. 개로왕의 아들 문주왕(文周王, 475~477)은 금강 유역의 웅진(熊津, 고마나루)으로 도읍을 옮겼다. 그 후 6세기 전반에 백제의 성왕(聖王, 523~554)은 고구려의 압박에 밀려 수도를 웅진(熊津)에서 백마강 유역의 사비(泗沘)로 한 번 더 옮긴다. 그리고 국호를 남부여(南扶餘)로 바꾸었다. 사비(泗沘)는 백제의 마지막 수도이다.[63]

호남평야 등 평야지대와 황해 바다에 접한 백제는 경제적으로 매우 풍요로운 나라였으나, 국토의 상당부분이 넓은 평야로 이루어져 국방의 요새지가 없고 국력이 일본 등 해외로 분산되어 있어 내부통합이 부족한 것이 백제멸망의 원인으로 지적된다. 백제멸망 후 백제부흥운동이 4년에 걸쳐 이어졌다. 한반도 국내에 있던 귀족과 일본에 있던 백제귀족은 연합세력을 형성하여 백제부흥운동을 벌였다. 의자왕의 사촌동생 복신(福信), 흑치상지(黑齒常之)장군, 승려 도침(道琛)이 백제부흥운동의 주역이 되어 일본에 가 있던 의자왕의 아

---

63) 한영우, 『다시찾는 우리역사』 제2전면개정판, 경세원, 2022년, 106-107면.

들 부여풍(扶餘豊)을 임금으로 맞아들이고 임존성(任存城, 충청남도 대흥)과 주류성(周留城, 충청남도 한산 또는 전라북도 부안)을 근거지로 하여 당나라군과 신라군에 항전했다. 백제부흥운동의 주역은 일본에 원군을 요청하였고, 그에 응한 일본의 원군 3만 명의 왜군이 400여 척의 배를 타고 들어와서 백촌강(白村江)에서 당나라와 신라의 연합군과 치열한 전투를 벌였으나 결국 패배했던 것이다. 663년의 일이다.

참고로 3만 명의 왜군이 400여 척의 배를 타고 백촌강으로 들어왔다면, 3만 명을 400척으로 나누면 1척에 평균 75명이 승선했다는 것이다(30,000명 ÷ 400척 = 1척에 75명 승선).

설상가상으로 백제부흥세력 안에서 내분이 일어나 복신(福信), 도침(道琛), 부여풍(扶餘豊)이 서로 반목하여 죽이는 사태가 벌어졌다. 결국 4년간에 걸친 백제부흥운동은 실패했다.[64]

백촌강(白村江)전투에서 패배한 다음 해에 일본은 신라와 당나라군의 침공에 대비하기 위해서 구주(九州)의 다자이후(大宰府)를 지키기 위한 미즈끼(水城)성을 쌓아 올렸고, 그 다음 해에는 오노조(大野城)성을 쌓았다.[65]

---

64) 한영우, 『다시찾는 우리역사』 제2전면개정판, 경세원, 2022년, 120면.
65) かみゆ歴史編集部, 『面白すぎる人物日本史 古代・中世編』, 中央公論新社, 2022年, 17面.

★★★
제3장

몽고와 일본의 전쟁(1231년~1273년)

　몽고의 일본침공은 고려와 많은 연관이 있다.[66] 그러나 고려의 관점과 일본의 관점은 다르다. 그에 따라 고려의 역사서에 나타난 기록과 일본의 역사서에 나타난 기록이 다르다. 여기서는 일본의 역사서에 기술된 관점에서 기술한다.[67]

　13세기 초에 북방 초원지역에서 요와 금에 예속되어 살던 몽골족 유목민사회에 큰 변화가 일어났다. 테무진(鐵木眞, 1155?~1227)이라는 영웅이 나타나 1206년에 부족을 통일하여 대몽고국(大蒙古國)이라는 나라를 세우고 칭기즈 칸(成吉思汗, 광명의 신)에 올랐다. 그는 식량이 풍부한 남쪽 농경사회로 세력을 뻗치기 시작했다. 유목민의 뛰어난 기동력을 가진 몽골의 살리타(撒禮塔)가 대군을 이끌고 1231년에 고려를 공격했다. 당시 고려는 최씨 무신정권시대였다.

---
66) 이기백, 『한글판 한국사신론』 1판, 주식회사 일조각, 2023년, 177면.
67) 김희영, 『궁금해서 밤새 읽는 일본사』, 청아출판사, 2019년, 77면.

몽골과의 전쟁 중인 1270년 임유무(林惟茂)가 처단되어 무신정권 시대가 끝났다. 무신정권시대가 끝나고, 몽골과의 강화가 맺어진 후에도 고려 무신들의 항몽전쟁은 계속되었다. 항몽전쟁의 주력은 무신정권의 핵심군대인 삼별초(三別抄)였다. 1273년 제주도에서의 마지막 저항을 끝으로 4년에 걸친 삼별초의 대몽항쟁은 실패로 끝났으나, 수십 년간 대몽항쟁과정을 겪은 몽골은 고려를 두려운 상대로 바라보게 되었다.[68]

삼별초(三別抄)의 대몽항쟁과정에서 삼별초군은 중앙으로 가는 조선(漕船)을 붙잡아 세미(稅米)와 공물을 탈취했고 남부의 넓은 지방을 점령하여 몽고군을 습격하였으며, 한때 일본에 협력을 요구하는 외교문서를 보내기도 하였으나 몽고군과 고려정부군의 합동공격으로 좌절되고 말았다. 삼별초군이 진도에 있을 때 일본에 협조를 요청하는 외교문서를 보냈던 사실이 현대에 와서 일본에서 '고려첩장(高麗牒狀)'의 고문서가 발견됨으로써 밝혀졌다.[69]

서기 663년에 백촌강전투가 있을 무렵에도 백제는 일본에 원군을 요청한 바가 있고, 그때는 일본이 원군을 보낸 사실이 있다. 백촌강전투에서 백제가 해양세력인 일본군을 한반도에 끌어들여 대륙세력인 중국세력(당나라)과 싸운 것은 삼별초가 일본군을 한반도에 끌어

---

68) 한영우, 『다시찾는 우리역사』 제2전면개정판, 경세원, 2022년, 238-240면 및 이기백, 『한글판 한국사신론』 1판, 주식회사 일조각, 2023년, 172면.
69) 邊太燮, 『韓國史通論 四訂版』, 三英社, 2022년 발행, 222면.

들여 중국세력(몽고 = 원나라)과 싸우려고 한 것과 비슷한 양상이다.

1259년 3월에 고려의 고종은 태자(후에 원종(元宗))를 몽골에 보내 강화를 맺었다. 그런 다음 강도(江都 = 강화도(江華島))의 성벽을 헐어 버렸다. 1259년에 고려를 굴복시킨 몽골의 지도자는 쿠빌라이(世祖, 1260~1294)였다. 1271년 쿠빌라이(세조)는 국호를 원(元)으로 바꾸었다. 1279년 쿠빌라이는 남송을 멸망시켜 중국대륙 전체를 직속령으로 만들었으며, 인류역사상 가장 큰 제국의 하나를 건설했다. 쿠빌라이는 일본도 정복하여 조공을 받기를 원하였으나 일본이 말을 듣지 않자 1274년 10월에 대규모의 일본원정군을 규슈(九州)에 보내 하카타(후쿠오카)에 상륙했다. 그러나 가마쿠라막부(鎌倉幕府)의 저항과 태풍 그리고 고려군의 미온적인 태도 때문에 실패하고 돌아왔다. 1281년에 쿠빌라이는 두 번째 일본원정군을 보냈으나 첫 번째와 마찬가지로 일본의 저항과 태풍으로 실패했다. 일본원정에 실패한 쿠빌라이는 1287년 안남(베트남)을 공격했으나 역시 실패했다.[70]

일본에서는 원나라의 일본원정군 파견을 몽고습래(蒙古襲來)라고 한다. 몽고가 습격하여 온다는 의미이다. 2차례의 몽고습래(蒙古襲來)를 문영의 역(文永의 役)과 홍안의 역(弘安의 役)이라고 표현한다.

1268년(文永 5년), 원(元)나라의 쿠빌라이는 고려를 중개자로 해

---

70) 한영우, 『다시찾는 우리역사』 제2전면개정판, 경세원, 2022년, 238-240면.

서 국서(國書)를 일본에 보내 조공(朝貢)을 요구했다. 막부(幕府)는 답장을 보내지 않기로 결정했다. 당시 일본의 외교권은 조정(朝廷)에는 없고 막부가 가지고 있었다. 막부(幕府)는 서쪽지방(西國(서국), 특히 규슈(九州))의 슈고(守護)들에게 '몽고(蒙古)의 흉심(凶心)에 대한 경계'를 지령했다.

다음 해인 1269년에 쿠빌라이는 재차 국서를 보냈다. 일본의 조정(朝廷)은 원(元)나라의 요구를 거부하든 말든 답장을 보내 주기로 제안하고, 답장초안까지 작성했는데 당시 일본의 집권자 도키무네(時宗)가 단호히 그것을 거절했다. 1271년(文永 8년), 원(元)나라의 사자(使者) 조양필(趙良弼, 1217~1286)이 규슈(九州)로 건너와서 입공(入貢)을 강하게 강요했다. 도키무네(時宗)는 또다시 원(元)나라의 국서(國書)를 묵살함과 동시에 규슈(九州)지방에 영지(領地)를 가지고 있는 동국어가인(東國御家人)에게 규슈(九州)에 가서 '이국(異國)의 방어(防禦)'를 맡을 것을 지령하고, 치쿠젠(筑前)·히젠(肥前)의 방어를 엄중히 했다.

참고로 치쿠젠(筑前)은 일본의 옛 지방 이름이다. 현재 규슈(九州) 복강현(福岡県)의 북부이다. 히젠(肥前 = ひぜん)도 일본의 옛 지명이다. 히젠은 오늘날 이키(壱岐), 쓰시마를 제외한 나가사키현에서 사가현까지의 일대를 말한다.

1274년(文永 11년) 10월, 원(元)나라는 킨토(忻都, 생몰년미상(生沒年不詳))·코우 사 큐우(洪茶 丘, 1244~1291)를 장수로 해서 원

(元)나라 병사 2만 명과 고려 병사 1만 명을 병선 900척에 승선시켜 조선 남단의 합포(合浦 = 마산포(馬山浦))를 출발시켰다.

참고로 2만 명의 원(元)나라 병사와 1만 명의 고려 병사, 총 3만 명이 900척의 배를 타고 일본으로 출발했다면, 3만 명을 900척으로 나누면 1척에 평균 약 33명이 승선했다는 것이다(30,000명 ÷ 900척 = 1척에 약 33명 승선).

원(元)나라의 군사는 대마(對馬)에 상륙해서 슈고(守護)의 대리 소우 스케쿠니(宗資国, ?~1274)를 패사(敗死)시키고 이키(壱岐)·마쓰라(松浦)를 습격하고, 하카타만(博多湾)에 침입했다. 막부(幕府)는 치쿠젠(筑前) 슈고(守護)의 쇼우니 스케요시(少弐資能, 1198~1281)·츠네스케(経資, 1229~1292) 부자를 대장(大将)으로 삼아 규슈(九州)의 어가인(御家人)들을 동원해서 원(元)나라의 군사들을 맞아 쳤다.

참고로 쇼우니(少弐)는 옛 일본 관명의 하나이며 다자이후(大宰府)의 차관으로, 다이니(大弐)의 아래이다. 어가인(御家人)은 가인(家人)의 높임말로 겸창·실정(鎌倉·室町) 시대에 장군(将軍)과 주종관계를 맺은 무사이다.

참고로 대재부(大宰府 = 다자이후)는 옛날 치쿠젠(筑前)지방에 설치되었던 관청으로 구주(九州)·일기(壱岐)·대마(対馬)를 관할하고 외적을 막으며, 외교에도 관계하였다. 대재부(大宰府)의 부(府)는 720

년에 완성된 『일본서기』에 기록되어 있는 '임나일본부(任那日本府)'의 부(府)와 같은 한자이다.

원(元)나라 군사들의 집단전법(集團戰法)과 '데츠하우(てつはう)'라고 불리는 화기(火器) 앞에 말에 탄 사람이 일대일로 싸우는 전법을 주로 하는 일본군은 몹시 고전(苦戰)했고, 다자이후(大宰府) 근처의 미즈끼(水城)까지 퇴각했다.
참고로 원(元)나라 군사들이 사용한 '데츠하우(てつはう)'라 불리는 화약을 이용한 무기는 철(鉄)의 구형관(球形鑵)에 화약을 채워 넣어 날아가게 하는 것으로, 이후의 철포(鉄砲) = 소총(小銃)은 아니다.[71]

원(元)나라 군사들은 일몰과 함께 배로 되돌아갔지만, 원(元)나라 군사들도 손해가 컸고 내부의 대립 등도 있어서 합포(合浦 = 마산포(馬山浦)로 퇴각했다. 이 사건을 문영의 역(文永의 役)이라고 부른다.

쿠빌라이는 일본을 정벌하려는 희망을 버리지 않고, 1275년에는 사자(使者) 두세충(杜世忠, 1242~1275)을 나가또(長門, 현재의 야마구치현(山口県) 서북부)로 파견했다. 도키무네(時宗)는 사자(使者)일행 5명을 가마쿠라(鎌倉)에서 칼로 베어 죽여 항전의 의지를 내외에 보여 줌과 동시에 하카타만연안(博多湾沿) 등 규슈 북부(九州北部)의 요지(要地)를 어가인(御家人)에게 경비시켜 이국경고번역(異國警固番

---

71) 佐藤信·五味文彦·高埜利彦·鳥海靖 編, 『詳說 日本史研究』, 山川出版社, 2020年, 154面.

役)을 강화하고 하카타만연안(博多湾沿)을 따라서 석조(石造)의 방루(防塁)를 구축(構築)해서 원나라가 습격해 오는 것에 대비했다.

참고로 이국경고번역(異國警固番役)이란 가마쿠라시대 후기, 가마쿠라막부가 규슈(九州)의 어가인(御家人)에게 부과한 군역(軍役)이다.

종래, 귀족 및 절과 신사(神社) 등의 장원(莊園)에 거주하는 '本所一円地(본소일원지)'의 '주인(住人)'은 막부의 명령이 미치지 못하는 존재였다. 그러나 강대한 외적과의 전쟁이라는 긴급사태를 맞이하여 그들은 슈고(守護)의 지휘 아래 배치되어, 본소(本所)에 상납되어야 할 연공(年貢)은 병량미(兵粮米)로서 징집되었다. 막부의 힘은 '本所一円地(본소일원지)'에도 강하게 작용하게 되었다. 이것은 막부가 전국의 통치권자로 성장해 나가는 데 있어서 획기적인 하나의 큰 사건이었다.

1276년에 남송(南宋)을 멸망시킨 쿠빌라이는, 1281년(弘安 4년)에 2번째의 일본원정군을 파견했다. 흔도(忻都)·홍다구(洪茶丘)가 거느리는 동로군(東路軍)은 원(元)·고려(高麗)·강북(江北)의 군인 4만 명이고, 원(元)나라에 항복한 송(宋)나라의 장수 범문호(范文虎, 생몰년 미상(生沒年不詳))가 거느리는 강남군(江南軍)은 항복한 남송(南宋)의 수군(水軍)을 중심으로 한 강남지방의 군인으로 10만 명이라고 일컬어진다. 5월에 조선의 합포(마산포)를 출항한 동로군은 대마(對馬), 이키(壱岐)를 침범하고, 6월에 하카타만(博多湾)으로 공격해 들어갔다. 충분히 준비를 하고 있던 일본의 무사들은 분전(奮戰)해서 적의 상륙을 저지했고, 동로군은 일단 히젠(肥前)의 다카시마(鷹島)로 후퇴하여 강남군(江南軍)의 도착을 기다렸다. 중국의 영파(寧波)를 출발한 강남군(江南軍)은 7월에 일본근해(日本近海)에 모습을 나타냈다. 강남군(江南軍)은 동로군(東路軍)과 합류해서 일본에 대한 총공격의 태세를 갖추었다. 그런데 바로 그때 대형의 폭풍우(暴風雨)가 원나라의 대선단(大船團)을 덮쳤다. 원나라 선박 4,000척의 대부분이 침몰했고 병사들은 익사했다. 일본군은 태풍이 잠잠해지기를 기다린 후 다카시마(鷹島)를 공격해서 많은 포로를 획득했다. 원나라 군사는 4분의 3이 죽고 무사히 돌아간 자는 3만 명이 안 됐다고 한다. 이 사건을 홍안의 역(弘安의 役)이라고 하며 문영의 역(文永의 役)과 합하여 2차례에 걸친 원나라의 내습(來襲)을 몽고습래(蒙古襲來)라고 부르고 있다. 몽고습래(蒙古襲來)는 후에 원구(元寇)라고 불린다.

참고로 영파(寧波 = Ningpo = Ningbo)는 중국 저장성(浙江省) 동부의 도시로 수륙교통의 요충으로 예로부터 해외무역 항구로 번영했다.

참고로 신풍(神風)이란?
원나라(몽고)의 내습(來襲) 즈음하여 원나라의 대선단(大船團)을 덮친 폭풍우(暴風雨)는 옛날부터 신풍(神風)으로 여겨졌는데, 특히 태평양전쟁(太平洋戰爭) 전에는 일본 = 신국(神國)이라는 역사관의 기록이 있었다. 그 때문에 폭풍우(暴風雨)의 정체를 확인하는 작업은 중요한 의미를 가진다. 현재, 홍안의 역(弘安의 役)이 있었을 때는 대형의 태풍(台風)이 있었다는 사실에 거의 의견이 일치하고 있다. 문제는 문영의 역(文永의 役)이 발생했을 때인데, 그때는 폭풍우가 없었다고 하는 학설도 제기되고 있으며, 아직 의견이 분분하다.

몽고습래(蒙古襲來)는 일본의 가마쿠라 무사들의 용감한 전투와 폭풍우에 의해 물리쳤지만, 몽고가 일본 정복을 단념한 배경에는, 고려를 위시해서 아시아의 여러 나라의 저항이 있었다는 것을 잊어서는 안 된다. 몽고는 1231년부터 1258년까지 6회에 걸쳐서 고려에 침공해서 격렬한 저항을 제거하고 마침내 고려를 복속(服屬)했다. 이 무렵에, 몽고는 일본원정을 본격적으로 착수했다. 그러나 1269년 고려의 내부에 반몽골파의 쿠데타가 일어나 고려군의 일부인 삼별초(三別抄)가 남조선(南朝鮮)의 농민과 연계해서 3년에 걸쳐 저항을 계속했다. 이 때문에 몽고의 일본정벌계획은 큰 폭으로 지연되었다. 1273년 삼별초의 난이 종결되기를 기다려 문영의 역(文永의 役, 제1회의 일본원정)이 시작되었다. 또 계속되는 홍안의 역(弘安의 役, 제2회의 일본원정)은 1276년 남송(南宋)의 멸망이 바탕이 되어 실시되었다.

일본에 내습한 몽고군 중에는 몽고에 항복한 고려인, 남송(南宋)의 강남(江南) 사람들이 많이 포함되어 있었다. 그들의 사기(士氣)는 당연히 높지 않았고, 인종이 다른 지휘관들 사이에는 내부반목이 끊이

지 않았다. 이것은 일본과의 전투에 큰 영향을 주었다. 쿠빌라이는 제3회의 일본원정을 구상하고 있었지만, 몽고의 지배에 대하여 강남(江南)지방에서의 중국민중(中國民衆)의 반란, 또한 코친차이나(コ-チ, 현재의 베트남)의 반항이 있었기 때문에, 일본원정계획은 실현되지 못했다. 몽고습래(蒙古襲來)는 이와 같은 아시아의 동향 속에서 이해해야 할 사건이다.[72]

역시 학문선진국답게 일본의 역사교과서는 '일본이 우수해서 몽고습래를 물리친 것이 아니라 국제환경(자연환경, 정치환경)이 유리하게 작용해서 일본이 승리했다는 것'으로 기술하고 있다.

대륙세력과 해양세력의 역학관계 중 하나는 대륙의 사정변경이 해양세력에 영향을 미친다는 것이다. 일본이라는 해양세력은 무시 못 할 큰 세력이다. 일본은 남북한을 합한 한반도의 1.6배 이상의 세력이라는 점을 주목해야 한다.

한편 원나라는 두 차례의 실패에도 불구하고 일본침공을 계획했으나 남송부흥운동이 일어나는 등 국내정세가 불안해 여력이 없었다. 결국 쿠빌라이가 사망하자 일본침공은 다시 거론되지 않았다.[73]

또 하나의 주목할 점은 일본은 해양세력이라 중국대륙세력(몽고)

---

72) 佐藤信·五味文彦·高埜利彦·鳥海靖 編, 『詳說 日本史研究』, 山川出版社, 2020年, 153-155面.
73) 김희영, 『궁금해서 밤새 읽는 일본사』, 청아출판사, 2019년, 82면.

의 일본원정이 바다, 태풍 등 자연환경으로 인하여 실패했다고는 하지만, 안남(베트남)은 몽골과 같은 육지의 대륙세력권 내에 있는 나라인데도 불구하고 중국대륙세력(몽고)이 안남(베트남)원정에는 실패했다는 것이다.

★★★

제4장

왜구(倭寇)와
중국인, 한국인, 일본인(14세기~16세기)

일본역사서의 왜구(倭寇)에 대한 설명을 요약하여 기술하면 다음과 같다.

왜구(倭寇)는 14세기부터 16세기까지 활동했다. 14세기 전반 무렵, 왜구(倭寇)라 불리는 해적집단이 맹위(猛威)를 떨쳤다. 왜구(倭寇)는 조선반도, 중국대륙연안을 휩쓸고 다니면서 주민들을 포로로 잡고, 약탈을 했다. 조선반도 동쪽연안(東岸)을 습격한 왜구의 근거지는 대마(対馬)·일기(壱岐)·히젠마츠라(肥前松浦) 등이고, 규모는 선박 2~3척의 집단에서 수백 척에 이르는 조직적인 집단까지 있다.

한편, 조선반도 서쪽연안(西岸)을 습격한 왜구(倭寇)는 고려인(高麗人 = 조선인(朝鮮人))으로 이루어져 있고, 중국대륙연안(沿岸)을 습격한 왜구는 중국연안민(中國沿岸民)으로 이루어진 것으로 보이고 있기 때문에, 왜구(倭寇)라고 해도 그 내부의 인적 구성은 지극히 다양했다.[74] 16세기 중국 변경문제(邊境問題)의 전문가인 명나라의 관료(官僚) 정효(鄭曉)는 "근래 중국 동남지역의 왜구(倭寇)에는 대체로 중국 사람이 많다."라고 기술하고 있다.[75]

조선반도 서쪽연안(西岸)을 습격한 왜구(倭寇)는 고려인(高麗人 = 조선인(朝鮮人))으로 이루어져 있다는 사실과 관련하여 1704년 『조선왕조실록』 「숙종실록」 39권, 숙종 30년 5월 17일의 기록을 보면 다음과 같다. 좌의정 이여(李畬, 1645~1718)가 숙종에게 보고한 내용이다.

"호남(湖南) 사람들이 탐라(耽羅) 3읍(邑)에서 몰래 채취하고 약탈하며 해치는 폐단이 이미 오래되었습니다." 또 말하기를, "약탈을 일삼는 호남 사람들은, 무기를 사용하지 않으면 퇴각시킬 길이 없습니다. 마치 해외(海外)의 다른 해적이 섬을 침범하고자 하는 것처럼 하였으며…"

원문은 다음과 같다. "湖南沿海浦民之儉采於耽羅三邑, 掠奪戕害, 爲弊已久."(必是海賊) 又曰, (矢石如雨) "非用兵刃, 萬無退却之路, 有若海外他賊, 欲犯島中者然…"

---

74) 佐藤信·五味文彦·高埜利彦·鳥海靖 編, 『詳說 日本史研究』, 山川出版社, 2020年, 185-186面.
75) 木村靖二·岸本美緒·小松久男 編, 『詳說 世界史研究』, 山川出版社, 2020年, 228面.

그 외에도 1455년 『조선왕조실록』 「세조실록」 2권, 세조 1년 10월 13일의 기록에는 "全羅道, 無賴之徒, 屯聚窟穴, 怙强稔惡, 漸不可長."라고 되어 있으며, 1540년 「중종실록」 94권, 중종 35년 12월 29일의 기록에는 "憲府啓曰, 全羅道盜賊素多, 近年尤甚, 劫掠行路, 焚燒人家, 殺害人物. 守令或有捕捉賊徒者, 則其儕類, 乘夜恐嚇, 守令亦畏縮, 不能措置搜捕, 至爲駭愕."라고 기록되어 있는 등 조선반도 서쪽연안(西岸)의 왜구(倭寇) 및 해적(海賊)에 대한 기록이 많다.[76]

14세기의 왜구를 전기왜구(前期倭寇)라고 부른다. 조선반도에만 400건에 이르는 왜구(倭寇)의 습격이 있었다. 고려가 쇠망한 하나의 원인은 왜구(倭寇)라고 생각되고 있다.[77] 한편, 중국 명나라가 쇠망한 원인 중 하나도 왜구(倭寇)의 중국 동남연안지역에의 잦은 침입이다.[78]

중국에서는 1368년, 주원장(朱元璋)이 한민족(漢民族)의 명나라를 건국했다. 명나라는 왜구대책(倭寇對策)으로서 해금정책(海禁政策)을 실시했다. 명나라와의 무역은 명나라 황제로부터 '국왕(國王)'의 칭호를 얻는 것이 필수였다. 해금정책(海禁政策)은 '국왕(國王)' 이외에는 명나라와의 무역을 인정하지 않는다는 방침이다.

---

76) 출처: 국사편찬위원회 (https://www.history.go.kr)
77) 佐藤信・五味文彦・高埜利彦・鳥海靖 編, 『詳說 日本史研究』, 山川出版社, 2020年, 185-186面.
78) 「世界の歴史」編集委員會=編, 『新 もういちど讀む山川世界史』, 山川出版社, 2017年, 79-80面.

일명무역(日明貿易)을 감합무역(勘合貿易)이라고 부른다. 명나라와 일본 사이에 이루어진 감합무역(勘合貿易)은 일종의 조공무역관계이다. 조공무역은 명나라를 중심으로 하는 국제질서 아래에서 행하는 무역으로 중국의 주변국들 '국왕(國王)'이 중국의 황제에게 공물을 바치고 그 답례로 물품을 받는 형식의 무역이다. 답례로 받는 물품을 회사품(回賜品)이라고 한다.[79]

일본 무로마치막부의 제3대장군 아시카가 요시미츠(足利義滿, 1358~1408)가 '일본 국왕'으로 명나라의 책봉(冊封)을 받았고, 이성계(李成桂)가 건국한 조선왕조와 15세기 초에 통일왕국을 형성한 류구(琉球)도 명나라에 조공하는 책봉(冊封)을 받게 되었다. 이로써 15세기에는 동아시아의 모든 정권 사이에 조공관계가 형성되어 해상질서(海上秩序)가 안정되어 왜구(倭寇)의 활동도 진정되어 갔다.[80]

1551년, '어떤 사건'이 계기기 되어 감합무역(勘合貿易)이 단절된다. 감합무역(勘合貿易)의 중단 후에 재차 왜구(倭寇)의 활동이 성하게 되었다. 16세기에 전개된 이들 왜구(倭寇)를 후기왜구(後期倭寇)라고 부르고, 이들은 주로 동지나해, 남양방면(南洋方面)에 나타났다.[81]

---

79) 佐藤信·五味文彦·高埜利彦·鳥海靖 編, 『詳說 日本史研究』, 山川出版社, 2020年, 185-186面.
80) 木村靖二·岸本美緒·小松久男 編, 『詳說 世界史研究』, 山川出版社, 2020年, 225面.
81) 佐藤信·五味文彦·高埜利彦·鳥海靖 編, 『詳說 日本史研究』, 山川出版社, 2020年, 187面.

1520년대부터 중국 동남연안(中國 東南沿岸)에는 밀무역(密貿易)의 거점이 출현하고 있었는데, 중국과 일본의 밀무역상인에 더하여 당시 동아시아에 진출하고 있던 포르투갈의 상인들도 중국과 일본의 밀무역에 참가했다. 이들은 명나라 관헌(官憲)의 단속에 대항하기 위하여 무장선단(武裝船団)을 조직하여 밀무역을 하는 한편 약탈을 저질렀다. 이들을 왜구(倭寇)라고 불렀으나, 그들의 리더는 중국 휘주(徽州) 출신인 왕직(王直, ?~1559)과 같은 중국인이 많았다. 왜구(倭寇)의 활동은 1550년대에 정점에 달했다. 14세기부터 15세기 초 무렵에도 왜구(倭寇)의 활동이 활발한 상태였기 때문에 16세기의 왜구(倭寇)와 구별하기 위하여 14세기부터 15세기 초 무렵의 왜구(倭寇)를 전기왜구(前期倭寇), 16세기의 왜구(倭寇)를 후기왜구(後期倭寇)라고 부르는 경우가 많다.[82]

한국역사서의 왜구(倭寇)에 대한 설명을 기술하면 다음과 같다.

왜구(倭寇)의 한반도침입은 전국적이고 장기간에 걸친 것이었다. 일본의 해적인 왜구의 침입이 시작된 것은 고려 고종(高宗, 1213~1250) 때부터였으나, 심하게 창궐하게 된 것은 충정왕(忠定王) 2년(1350) 이후였다. 왜구는 간단한 무장만 했지만, 배를 타고 다니면서 한반도 각지 해안에 상륙하여 촌락을 습격하였다. 이 때문에 농민들은 내륙으로 이주하여 해안지대의 기름진 농토는 황폐하여 갔다.[83]

---

82) 木村靖二·岸本美緒·小松久男 編, 『詳說 世界史研究』, 山川出版社, 2020年, 227-228面.
83) 이기백, 『한글판 한국사신론』 1판, 주식회사 일조각, 2023년, 184면.

대륙의 지배층이 이주한 한반도 내에서는 특히 백제와 가야의 지배층이 고대국가 건설의 주역을 맡았는데, 한반도가 신라에 의해 통일되면서 일본과의 사이가 벌어지기 시작했다. 그 후 한국계 일본인들 가운데 산악이 많은 대마도와 규슈지역 등에 살던 주민들은 식량부족을 타개하기 위해 한반도 및 중국에 들어와 식량을 약탈하는 일이 많았는데, 이들을 왜구(倭寇)라고 불렀다. 왜구(倭寇)는 13세기부터 16세기에 주로 활동했다고 한다. 그리고 왜구의 연장선상에서 대규모군대를 이용한 침략전쟁이 임진왜란, 정유재란이고 더 나아가 한반도를 무력으로 강탈한 것이 일본해양세력의 한반도 식민지화이다.

한국과 중국의 관계는 고구려와 수(隋), 당(唐)과의 전쟁을 제외하고는 역사적으로 오랫동안 우호친선관계가 유지되었다. 이는 중국이 광대한 서쪽지역으로 영토를 확장하면서 대국으로 발전하여 비교적 작은 지역인 한반도에 대한 집착이 적었기 때문이다. 대륙 및 한반도와 일본과의 관계가 불편했던 이유는 일본이 섬나라라는 지리적 특성상 확장할 공간이 없었기에 태곳적 원래의 터전이었던 한반도와 대륙으로 되돌아가고자 하는 욕망이 침략의 형태로 이어져 왔기 때문이다. 이러한 욕망을 심리학적인 용어로 말하면 집단무의식적 원형(archetype)이라고 할 수 있겠다. 따라서 한국, 중국, 일본이 평화관계를 유지하려면 누구보다도 일본이 오랜 침략의 관습에서 벗어나는 일이 중요하다.[84]

---

84) 한영우, 『다시찾는 우리역사』 제2전면개정판, 경세원, 2022년, 25-26면.

왜구의 활동시기는 13세기부터 16세기에 걸친 시기이다. 원나라의 간섭기에 있던 14세기 고려에서는 새로이 성장한 지식인층이 있었다. 이들을 사대부(士大夫) 또는 성리학자라고 부른다. 이들은 공민왕의 개혁에 반발하는 수구세력인 권문세족과 갈등관계에 있게 된다. 권문세족은 토지겸병을 자행하여 부자는 산천을 경계로 할 만큼 방대한 농장을 점유하고 가난한 사람은 송곳 꽂을 땅도 없다는 말이 나올 정도로 퇴행적이고 파행적인 내정의 모습을 보여 주었다. 권문세족은 외교에 있어서도 신흥하는 명(明)나라를 적대시하고, 멀리 몽고지방으로 쫓겨난 북원(北元)을 가까이하는 시대역행적인 정책을 따랐다. 권문세족의 횡포에 의하여 내정이 어지러워진 틈을 이용하여 고려를 더욱 괴롭힌 것이 왜구(倭寇)였다. 수십 척, 혹은 수백 척의 배를 몰고 다니면서 해안지역에 상륙하여 식량과 문화재 등을 닥치는 대로 약탈해 갔다. 그리하여 한반도 서해와 남해연안지역의 기름진 농토가 황폐해지고 주민들은 산속에 숨어 살았다. 왜구(倭寇)는 조세를 운반하는 조운선(漕運船)도 공격하여 바닷길이 막혀 버렸으며, 고려의 수도인 개경이 점령당할 위기에 처했다. 내우외환의 위기 속에서 백성들은 청렴하고 힘 있는 영웅이 출현하기를 고대했다. 그러한 여망에 부응하여 나타난 인물이 최영(1316~1388)과 이성계(1335~1408)장군이었다. 두 장군은 홍건적 토벌에 이어 왜구(倭寇)토벌에서도 혁혁한 전공을 세웠다.[85]

---

85) 한영우, 『다시찾는 우리역사』 제2전면개정판, 경세원, 2022년, 246면, 259면 및 이기백, 『한글판 한국사신론』 1판, 주식회사 일조각, 2023년, 185면.

★★★

제5장

임진왜란(1592년~1598년)

　15세기 조선과 일본의 무로마치막부(室町幕府)는 서로 사신을 보내면서 비교적 평화로운 교린 관계를 유지했다. 조선은 16세기 말에 가서 국방과 군역 제도가 더욱 허물어졌다. 율곡 이이가 '10만 양병설'을 내세웠을 때, 동인(東人) 사람들은 이를 평지풍파(平地風波)라고 배격하였다. 일본에 다녀온 서인(西人) 정사 황윤길이 일본에 대한 경계를 주장했을 때, 동인(東人) 부사 김성일은 이를 공박하고 '대일안심론'을 폈다. 조정의 의견이 일치되지 않은 것이다.

　이미 16세기 중엽부터 일본의 사회에는 새로운 변화가 일어났다. 15세기 말에 스페인과 포르투갈이 이른바 '지리상의 발견(대항해시대)'으로, 스페인은 아메리카대륙에 진출하기 시작하고(1492), 포르투갈은 인도항로를 발견하여 아시아로 진출하기 시작했다(1498).
　포르투갈은 인도, 중국을 거쳐 16세기 중엽에는 일본 규슈지역과

직접 교류하기 시작하여 총을 비롯한 서양무기와 천주교를 전달하고, 일본에서 은을 받아 중국에 수출했으며, 중국에서 비단을 사서 유럽에 팔았다. 그 뒤 스페인이 들어오고, 이어 1580년대에 스페인의 무적함대(無敵艦隊)가 영국에 의해 격파된 뒤로는 네덜란드와 영국도 동인도회사를 조직하여 아시아로 진출하면서 일본과 교류했다. 그런데 일본이 변하는 동안 조선은 서양문화를 접하지 못했다.[86]

임진왜란에 대한 일본역사서의 기술을 보면 다음과 같다.

16세기 후반의 동아시아에서는 조공무역(朝貢貿易)과 해금 정책(海禁政策)을 기본으로 하는 중국 중심의 전통적인 국제질서가 명나라의 국력쇠퇴에 따라 변화하고 있었다. 일본전국을 통일한 풍신수길(豊臣秀吉)은 이러한 정세(情勢) 속에서 일본을 중심으로 하는 새로운 동아시아의 국제질서를 만드는 데 뜻을 두었다. 풍신수길(豊臣秀吉)은 인도의 고아(ゴア)에 있는 포르투갈 정청(政廳), 필리핀의 마닐라에 있는 스페인 정청(政廳), 고산국(高山国 = 대만(台灣)) 등에 대하여 복속(服屬)과 입공(入貢)을 요구하였는데, 이것은 풍신수길(豊臣秀吉)의 대외정책의 표현이었다.

1587년, 풍신수길(豊臣秀吉)은 쓰시마(對馬)의 종씨(宗氏)를 통하여 조선에 대하여 입공(入貢)과 일본군의 명나라 출병을 앞장서서 인도(引導)하라고 요구했다. 조선이 거부하자 풍신수길(豊臣秀吉)은 출병의 준비를 시작, 히젠(肥前)의 나고야(名護屋)에 본진을 구축하

---

86) 한영우, 『다시찾는 우리역사』 제2전면개정판, 경세원, 2022년, 339-340면.

고 1592년(文禄元), 15만여 명의 대군을 조선에 파병했다. 이것을 일본에서는 문록의 역(文禄の役)이라고 하고 조선에서는 임진왜란이라고 한다.

1592년, 부산에 상륙한 일본군은 신병기 철포(鉄砲)의 위력 등에 의해 이윽고 한성(漢城)을 함락시키고 더 나아가 평양도 점령했다. 이때쯤 풍신수길(豊臣秀吉)은 후양성천황(後陽成天皇)을 중국 북경(北京)에 옮기고, 풍신수차(豊臣秀次)를 중국의 관백(關白)에 임명한다는 사리에 맞지 않는 계획을 마음에 품고 있었다. 하지만 곧 이순신(李舜臣, 1545~1598)이 이끄는 조선수군(朝鮮水軍)의 활약 및 의병(義兵, 義民軍(의민군))의 저항과 명나라의 원군(援軍) 등에 의하여 일본군은 보급로를 차단당하고 차츰 전쟁의 판국(戰局)은 일본군에게 불리해졌다. 특히, 이순신이 도입한 거북선(龜甲船)은 선체(船體)에 창(槍)을 두른 완강(頑强)한 제작물이고 화기(火器) 중심의 전법을 사용하는 것으로, 칼로 베어 넣기가 특기인 일본수군(日本水軍)에 큰 타격을 주었다. 그 때문에 소서행장(小西行長, 1558~1600)을 중심으로 하는 일본군은 휴전(休戰)하면서, 풍신수길(豊臣秀吉)에게 명(明)나라와의 강화를 권했다.

1593년부터 시작된 평화교섭에서, 풍신수길(豊臣秀吉)은 명(明)나라의 일본에 대한 항복 및 명나라의 황녀(皇女)와 일본천황(天皇)과의 혼인, 감합무역(勘合貿易)의 재개, 조선 남부(朝鮮南部)의 할양(割讓), 조선왕자(朝鮮王子)를 인질로 보낼 것 등을 요구했다. 풍신수길의 요구는 강화를 서두르는 소서행장(小西行長)과 명나라 측 장군의 손에서 묵살되고 교섭 당사국에 정확히 전달되지 않았다. 1596년 (慶長元)에 명나라 사절이 일본에 왔을 때 자신의 요구가 정확히 전달되지 않은 사실을 알게 된 풍신수길은 격노했고 평화교섭은 결렬됐다. 1597년(慶長 2년), 풍신수길(豊臣秀吉)은 재차 조선에 14만여 명의 병사를 보냈다. 이것을 일본에서는 경장의 역(慶長の役)이라고 하고 조선에서는 정유재란이라고 한다.[87]

도요토미 히데요시(豊臣秀吉)가 조선을 침략한 이유에 대해서는 여러 가지 학설이 있다. 첫째는 정복욕·명예욕이다. 천하통일을 달성한 도요토미 히데요시는 과잉확신에 빠져 조선뿐만 아니라 중국대륙의 지배자인 명나라도 정복하겠다는 야심이 있었다는 학설이다. 둘째는 명나라를 복속시켜 무역을 하기 위해서이다. 당시 일본과 명나라의 무역은 제한되어 있었기 때문에 무력으로 명나라를 복종시켜서 무역을 재개하려고 했다는 학설이다. 셋째는 일본 국내를 안정시키기 위해서이다. 일본의 천하통일 후 모든 다이묘(大名)를 외국원정에 참여하게 하여 다이묘의 병사와 물자(物資)라는 자원을 소비시켜서 일본 국내에서의 반란의 불씨를 제거하려고 했다는 학설이다. 넷째는 스페인을 견제하기 위해서이다. 당시 동남아시아에 진출해 있던 스페인이 조선과 명나라를 정복하고 일본에도 쳐들어올 가능성을 위협으로 간주하고, 일본군의 군사력을 과시하기 위해서 출병했다는 학설이다.[88]

---

87) 佐藤信·五味文彦·高埜利彦·鳥海靖 編, 『詳說 日本史硏究』, 山川出版社, 2020年, 235-236面.
88) 小和田哲男 監修, 『戰國 經濟の作法』, 株式會社 G.B., 2020年, 137面.

★★★
제6장

정유재란(1597년~1598년)

    임진왜란 기간 중 명(明)나라와 일본의 화의가 결렬되자 도요토미 히데요시는 1597년 1월, 14만 명의 병력을 동원하여 조선에 재차 침입했다. 이것이 '정유재란'이다. 일본에서는 '慶長의 役(경장의 역)'이라고 부른다.[89] 정유재란 때 조선 민중의 피해가 컸던 것은 정유재란의 목적이 조선 정복 자체에 있었기 때문이다. 정유재란 때에는 우선 전라도를 제압하라는 것이 풍신수길(豊臣秀吉)의 군령이었다. 그렇게 제압된 조선의 각 마을은 일본의 군정(軍政) 밑에 놓이게 되었다.[90] 그러나 임진왜란 때와 달리 정유재란 때에는 일본군은 처음부터 고전(苦戰)을 면치 못했다. 다음 해인 1598년에는 도요토미 히데요시가 병으로 죽자 일본군은 일본으로 철수하고 전쟁은 끝났다.

---

89) 佐藤信·五味文彦·高埜利彦·鳥海靖 編, 『詳說 日本史硏究』, 山川出版社, 2020年, 236面.

90) 허남린 외 8명 지음/국립진주박물관 엮음, 『처음 읽는 정유재란 1597』, 도서출판 푸른역사, 2019년, 110면.

정유재란에서는 풍신수길(豐臣秀吉)이 전투에서 세운 공로(戰功(전공))의 증거로서 조선군민을 참수한 머리 대신에 코를 베어 가지고 일본으로 돌아오게 했기 때문에 전공을 부풀리려는 일본 군인들은 조선인 병사뿐만 아니라 조선의 민간인에 대하여도 코 베기를 자행했다. 그래서 전쟁이 끝난 후에 조선에는 코가 없는 사람들이 여기저기 넘쳐 났다고 한다. 일본으로 보내진 조선인의 코의 일부는 교토(京都)의 호코지(方広寺)의 한쪽에 매장되었고, 현재에도 이총(耳塚 = 귀 무덤)이라는 이름으로 남아 있다. 그러나 사실은 비총(鼻塚 = 코 무덤)이다. 7년에 이르는 일본군의 침략은 조선인들을 전화(戰火)에 말려들게 하여 조선에 많은 피해를 주었다. 또한 일본 국내적으로는 방대한 전비(戰費)와 병력(兵力)을 헛되이 낭비하는 결과가 되어, 풍신수길 정권이 쇠퇴하는 원인이 되었다. 조선침략은 풍신수길의 과대망상에 의해 발생한 면이 강하지만, 한편으로는 일본 국내에 있어서의 지행지(知行地 = 봉토(封土))의 부족을 해결하기 위한 영토확대전쟁으로서의 성격도 가지고 있었다.[91]

도요토미 히데요시의 제2차 출병(정유재란)에서 주요 공격목표는 호남(湖南)의 곡창지대였다. 풍신수길은 호남평야(湖南平野)지역이 조선수군을 비롯한 조선군의 군량미 보급창고였기 때문에 전라도를 철저하게 짓밟으면 조선이 힘을 쓰지 못할 것이라고 판단했다.[92]

---

91) 佐藤信·五味文彦·高埜利彦·鳥海靖 編, 『詳說 日本史硏究』, 山川出版社, 2020年, 235-236面.
92) 안영배, 『잊혀진 전쟁 정유재란』, 동아일보사, 2018년, 90-91면.

1597년 9월, 일본군은 전라도 내륙을 완전 초토화시켰다. 전라도는 바둑판처럼 포진한 왜군이 50여 둔에 달할 정도였다. 전라도를 완전 점령하라는 도요토미 히데요시의 명령을 완수한 왜군은 본격적인 전라도 통치행위에 들어갔다.[93]

왜장(倭將) 고니시 유키나가(小西行長)는 1597년 9월부터 전라남도 순천의 왜교(倭橋)에 주둔한 뒤 장기적인 호남지배를 염두에 두고 왜교성을 쌓기 시작했다. 순천일대는 물론 광양 등 사방에 왜군을 보내 각지의 읍성을 장악하고, 왜교성을 축성하는 조선인 노동자를 징발했다. 혹독한 노동력 착취가 이어졌다. 비슷한 시기에 울산의 왜성축성과정에서도 보기에 곤혹스러울 정도로 조선 양민들의 노동력 착취가 있었다. 고니시 유키나가는 전라도의 실질적인 지배자가 되었다. 순천에 사는 사족(士族) 박사유는 왜군에게 붙어 자기 딸을 왜장(倭將) 소서행장(小西行長)에게 시집보냈다. 그래서 전라도의 실질적인 지배자 소서행장(小西行長)이 하는 일은 박사유의 영향을 많이 받기도 하였다.[94]

1597년 1월, 도요토미 히데요시의 제2차 출병(정유재란)은 이미 명나라 정복은 포기하고 오로지 조선 남부를 영유(領有)할 목적이었으나, 제2차 출병(정유재란)은 제1차 출병(임진왜란) 때와는 상황이

---

93) 안영배, 『잊혀진 전쟁 정유재란』, 동아일보사, 2018년, 179-180면.
94) 안영배, 『잊혀진 전쟁 정유재란』, 동아일보사, 2018년, 182-185면.

아주 달랐다.⁹⁵⁾ 휴전하는 동안 조선도 전투준비를 새로이 갖추어 일본에 대항할 능력을 가진 것이다. 한편 수군도 이순신으로 하여금 경상도, 전라도, 충청도의 삼도수군통제사를 맡게 하고 군비를 증강시켰다. 그러나 이순신은 일본간첩의 농간으로 모함을 받아 파직되고 원균(元均)이 그 직을 대신하였다. 원균은 칠전도와 고성(固城) 앞 바다에서 일본군에게 대패했다. 일본군은 득의양양하여 처음으로 전라도에 상륙하여 육지를 마구 유린하고, 8월에는 남원성을 함락하고, 9월에는 충청도지방에까지 북상하였다.

그러나 같은 해 8월에 누명을 벗은 이순신은 삼도수군통제사로 복귀하여 9월 16일 명량해전에서 일본군을 격파하고, 같은 해 11월에는 노량해전에서 일본군을 격파했다. 노량해전에서 이순신은 적의 유탄을 맞고 사망한다. 향년 54세였다. 이순신은 세계 해전사에서 가장 위대한 승리를 거둔 명장으로 알려지고 있다.⁹⁶⁾ 이순신의 죽음은 당시 백성들로부터 원성을 많이 듣고 있었던 조선의 국왕인 선조와의 관계에서 의문을 남기고 있다.⁹⁷⁾ 이순신은 자신의 공로가 점차 커지는 것을 두려워해 작정하고 죽음을 선택했다는 자살설을 주장하는 학자가 많다. 의병장 김덕령의 억울한 옥사 이후 곽재우 같은 의병장도 은둔할 곳을 찾아야 했으니, 이순신도 자신의 마지막 전투이자 임진왜란을 종식시킨 노량해전에서 자신의 운명을 알고

---

95) 김희영, 『궁금해서 밤새 읽는 일본사』, 청아출판사, 2019, 197면.
96) 한영우, 『다시찾는 우리역사』 제2전면개정판, 경세원, 2022년, 344-345면.
97) 류성룡 지음/김흥식 옮김, 『징비록』, 서해문집, 2019년, 311-313면.

미리 죽음을 맞이했다는 것이다.[98]

   1592년에 시작된 도요토미 히데요시의 제1차 출병(임진왜란)과 제2차 출병(정유재란)을 일본역사에서는 각각 문록의 역(文禄の役 = 분로쿠의 전쟁), 경장의 역(慶長の役 = 게이초의 전쟁)이라고 부른다. 이 전쟁은 조선인에게 무한한 고통을 주었을 뿐 아니라 조선왕조의 쇠퇴, 명나라의 쇠퇴, 청나라의 발흥 등 동아시아 3국에 큰 여파를 미쳤다.[99]

   1597년에 발발한 정유재란은 1년 이상 지속되었다. 일본의 재침공에 조선은 굴하지 않았고, 명나라의 원군이 대거 개입함으로써 일본군의 총공세는 결국 실패로 끝나고 만다. 1598년 하반기에 전개된 명나라 원군의 총공세는 실제 전투가 벌어지자 맥없이 주저앉고 말았다. 명나라 원군은 남의 나라 조선을 위해 치르는 전쟁인지라 희생을 최소화하여 전쟁을 끝내려 하는 전략적 사고를 가지고 있었다. 일본군은 조선수군의 거센 반발이 있었지만 명나라 원군 지휘부의 묵인하에 결국은 철병을 마무리했다. 조선에서의 전쟁은 일본군의 철병으로 종료되었다. 결과적으로 조선은 국가를 보존할 수 있었

---

[98] 류성룡 저/오세진·신재훈·박희정 역해, 『징비록(懲毖錄)』, 홍익출판사, 2019년, 283-285面.

[99] 김희영, 『궁금해서 밤새 읽는 일본사』, 청아출판사, 2019년, 197면 및 佐藤信·五味文彦·高埜利彦·鳥海靖 編, 『詳說 日本史研究』, 山川出版社, 2020年, 235-236面.

으며 명나라는 조선을 구원했다는 공을 누리게 되었다. 가장 큰 피해를 입은 조선 백성의 입장에서는 7년 이상 지속된 임진왜란은 고통과 비극의 연속이었다. 한편, 7년여에 걸친 전쟁을 야기한 일본의 히데요시 정권은 권력 계승의 안전장치를 공고히 하는 데 실패하고 만다. 2년 뒤 성립된 도쿠가와 정권은 히데요시 정권이 벌인 임진왜란(정유재란을 포함)의 가장 큰 수혜자가 된다. 명나라는 조선에 원군을 보내는 등 임진왜란에 개입함으로써 군사적·재정적 타격을 입었다. 정유재란은 일본의 조선침략이 끝나 가는 과정이었지만, 넓게 보면 전근대 동아시아의 지정학적 지형에 큰 파장을 불러오는 과정이기도 했다.[100]

---

100) 허남린 외 8명 지음/국립진주박물관 엮음, 『처음 읽는 정유재란 1597』, 도서출판 푸른역사, 2019년, 41-43면 및 木村靖二·岸本美緒·小松久男 編, 『詳說 世界史研究』, 山川出版社, 2020年, 231面.

★★★
제7장

청일전쟁(1894년~1895년)

청일전쟁에 관한 일본역사서의 기술은 다음과 같다.

1894년(明治 27년) 5월, 조선에서는 민족주의적인 동학(東學)을 중심으로 세금의 감면과 일본세력의 배척을 요구하는 대규모 농민의 반항이 일어났다. 동학(東學)은 유교(儒敎) 및 불교(佛敎)와 조선의 전통적인 신앙(信仰)을 혼재(混在)한 신앙으로 크리스트교(천주교)에 대항하여 농민층에 광범위하게 퍼졌다. 이것을 갑오농민전쟁(甲午農民戰爭) 또는 동학의 난(東學의 亂)이라고 한다. 크리스트교는 동학(東學)의 반대의미에서 서학(西學)이라고 불렸고, 서학은 서양의 학문을 의미하며 조선에서 천주교를 이르던 말이다.[101] 유교(儒敎)·불교(佛敎)·도교(道敎)가 뒤섞인 신종교(新宗敎)의 교단(敎團)인 동학(東

---

101) 佐藤信·五味文彦·高埜利彦·鳥海靖 編, 『詳說 日本史研究』, 山川出版社, 2020年, 371-372面.

學)은 전봉준이 지도자가 되어 동학의 난(東學의 亂)을 일으켰다.[102]

조선정부는 동학의 난을 진압하기 위해서 청나라에 파병을 요청했다. 1894년 6월에 청나라는 군대를 조선에 보냈다. 일본도 이에 대항하여 즉시 출병했다. 양국의 출병도 있고 농민의 반항이 진정되었지만 일본은 일청(日淸) 양국에서 조선의 내정개혁의 임무를 맡자고 제안했다. 그러나 청나라정부는 일본의 제안을 거부하여 마침내 교섭은 결렬되었다. 마침 그 무렵 일영(日英)통상항해조약이 체결되어 영국이 일본에 호의적인 태도를 보이므로, 일본정부는 전쟁개시를 결의했다. 1894년 7월, 풍도충(豊島沖) 해전(풍도해전)에 의해 일청전쟁이 시작되었고 8월에는 정식으로 일본이 청나라에 대하여 선전포고 하였다.

당시 일본 국내에서는 명치유신 이래 정치와 군대가 잘 정비되어 가고 있었고 거국일치(擧國一致)의 움직임이 촉진되었다. 그와는 반대로 청나라에서는 서태후파(西太后派 = 후당(后党))와 광서제파(光緒帝派 = 제당(帝党)) 사이의 정치적 대립도 격심해지고 전제정치 아래에서 국력을 충분히 발휘하기 어려웠다. 그 때문에 청일전쟁에서 일본이 압도적인 우세를 보였다.

이윽고, 일본해군은 황해해전(黃海海戰)에서 청나라함대인 북양함대(北洋艦隊)를 격파했고 일본육군은 청나라군대를 조선에서 남김없

---

102) 木村靖二·岸本美緒·小松久男 編, 『詳說 世界史研究』, 山川出版社, 2020年, 391面.

이 제거했다. 게다가 중국의 요동반도와 산동반도의 일부 등도 제압했다. 약 8개월간의 청일전쟁은 결국 일본의 승리로 끝났다. 일본군의 전사자는 약 1만 7,000명인데, 그중 약 70%가 전쟁터에서 병으로 죽은 병사(病死)였다. 청일전쟁의 전쟁 비용은 약 2억 엔(円)이 좀 넘는데, 이 금액은 청일전쟁 직전의 일본국가예산의 약 2년 6개월 분의 세입(일반회계)에 해당한다.

청일전쟁에서 승리한 일본은 청나라와 1895년 4월에 시모노세키(下関)조약을 맺고, 청나라는 일본군이 점령한 랴오둥(遼東)반도와 타이완(台湾)을 일본에 넘겨주었다. 당시 중국대륙에서 남만주로의 진출기회를 살피고 있던 러시아는, 일본의 진출을 경계하여 시모노세키(下関)조약이 맺어지자, 즉각 독일, 프랑스와 함께 랴오둥(遼東)반도를 청나라에 반환하라고 일본정부에 의견을 표시하였다. 이 것이 이른바 삼국간섭(三國干涉, 러시아, 독일, 프랑스 3국)이다. 일본 국내에서는 삼국간섭에 대하여 격분의 소리가 높았지만 유럽의 대국인 3국에 대항할 실력이 없었던 일본은 청나라로부터 3,000만 양(両)의 배상금을 추가로 받고 랴오둥(遼東)반도를 반환했다. 당시 청나라의 3,000만 양(両)은 일본의 엔(円)으로는 약 4,700만 엔(円)이다.

시모노세키(下関)조약에 의해 식민지가 된 타이완(台湾)을 통치하기 위해서 일본은 해군대장 카바야마 스케노리(樺山資紀, 1837~1922)를 타이완(台湾) 총독(總督)에 임명했다. 타이완(台湾)에는 '대만민주국(台湾民主国)'이 선언되는 등, 일본의 대만(台湾)통치에 대한 저항운동이 일어났지만 일본은 군정을 펴서 군대를 출동시켜 진압에 나섰다. 대만(台湾) 현지주민들의 저항은 그 후에도 계속되었지만, 대만총독부조례(台湾総督府条例, 1896년 제정)에 의해 민정(民政)으로 전환한 일본은 군인총독을 보좌하는 민정국장(民政局長) 고토우 신페이(後藤新平, 1857~1929)의 지휘하에 구관존중(旧慣尊重)의 방침을 채용하는 동시에 경찰력의 강화, 토지조사사업의 실시, 아편·장뇌(樟脳)의 전매실시, 도량형의 통일 등 식민지경영을 위한 사업을 본격적으로 추진했다. 하여튼 항일게릴라는 진정되었고 대만(台湾)에 대한 식민지지배는 비교적 안정된 상태가 되었다.[103]

청일전쟁의 발단이 되는 동학농민운동에 대하여 좀 더 기술하면 다음과 같다.

1894년 전라도 고부에서 지방관의 탐학에 대항해 일어난 민란을 발단으로 동학농민운동이 전개되기 시작하였다. 정부에서는 중앙의 정예부대를 파견하였으나 사기가 오른 동학군은 이를 장성에서 격퇴시키고 전주를 점령하기에 이르렀다.[104]

스스로의 힘으로 동학농민군의 항쟁을 진압할 수 없었던 조선정

---

103) 佐藤信·五味文彦·高埜利彦·鳥海靖 編, 『詳說 日本史硏究』, 山川出版社, 2020年, 371-373面 및 木村靖二·岸本美緒·小松久男 編, 『詳說 世界史硏究』, 山川出版社, 2020年, 391-392面과 大津 透·久留島典子·藤田 覚·伊藤之雄, 『もういちど讀みとおす山川新日本史 下』, 山川出版社, 2022年, 70面.

104) 邊太燮, 『韓國史通論 四訂版』, 三英社, 2022년 발행, 395면.

부는 농민군과의 전투규모가 확대되어 가자 청나라에 구원병을 요청하였다. 청나라는 조선정부의 구원병 요청을 약해져 가던 조선반도 내에서의 청나라세력을 다시 강화하기 위한 좋은 기회라고 생각했다. 이리하여 청나라는 엽지초(葉志超)로 하여금 3,000명의 병력을 거느리고 아산만에 상륙하게 하였다. 톈진조약(天津條約)에 의하여 청나라군사들이 조선에 들어온 사실은 일본에 통고되었다.

한편, 일본은 청나라에 못지않게 조선에서 영향력 확장의 기회를 호시탐탐 노리고 있었다. 경제적으로 일본상인들의 약탈적인 무역에서 얻는 폭리를 보장해 줄 뿐 아니라 정치적으로 후퇴한 일본의 지위를 회복하기 위해서였다. 이러한 목적 달성을 위해 일본은 조선을 제압할 필요가 있었다. 청군이 출동하자 일본도 거류민 보호라는 명분으로 군함 7척과 육군 7,000명이라는 대병력을 파견하여 인천에 상륙시켰다. 그리하여 청일전쟁이 본격적으로 시작되었던 것이다.[105]

동학농민군과의 전쟁 및 청일전쟁에서 승리한 일본은 역사상 처음으로 아시아의 패자로 올라섰다. 청일전쟁은 1894년 7월 25일 아산만 앞바다에서 일본군의 선제공격으로 시작되었다. 한반도에서 7월 29일 성환전투, 9월에는 평양전투 및 황해전투에서 일본은 연전연승을 거두고, 11월에 중국본토로 진격하여 랴오둥반도의 뤼순(旅順)과 다롄(大連)을 점령했다. 1895년 2월, 일본은 산둥(山東)반

---

105) 이기백, 『한글판 한국사신론』 1판, 주식회사 일조각, 2023년, 312면.

도의 웨이하이(威海衛)의 청나라 북양함대를 공격해서 승리했다. 결국 두 나라는 1895년 4월 17일에 일본의 시모노세키(下關)에서 조약을 맺고, 청나라는 일본이 점령한 랴오둥(遼東)반도와 타이완(臺灣)을 일본에 넘겨주었다. 이에 러시아, 독일, 프랑스는 랴오둥(遼東)반도를 청나라에 반환하라고 일본정부에 의견을 표시하였는데, 이것이 이른바 삼국간섭(三國干涉)이라는 것은 앞서 보았다.

1894년 7월, 풍도충(豊島沖)의 해전에 의해 일청전쟁이 시작되었는데, 같은 달 7월 23일 새벽 일본공사 오토리 게이스케(大鳥圭介)가 일본군 여단병력을 투입시켜 경복궁을 점령한 것은 청일전쟁의 시작인 동시에 조선을 무력으로 합병하는 첫 단계이기도 했다.[106]

동학농민군이 내세운 슬로건인 반체제, 반침략의 이념을 가지고 농민전쟁의 단계까지 이른 것은 근대사회로 발전할 수 있는 계기의 하나가 되었지만 청나라와 일본 모두 배척해야 할 외세인 점에는 다를 바가 없음에도 일본만을 반외세로 규정한 점은 동학농민운동의 한계 중 하나를 보여 준다고 볼 수도 있겠다.

---

106) 한영우, 『다시찾는 우리역사』 제2전면개정판, 경세원, 2022년, 447면.

★★★
제8장

러일전쟁(1904년~1905년)

　1900년의 북청사변(北靑事変) 또는 의화단사건(義和団事件)과 1902년의 영일동맹(英日同盟)이 러일전쟁(露日戦争)이 일어나기 직전의 일련의 배경사건들이다.
　일본역사서에서 일러전쟁(日露戦争)에 관하여 기술하고 있는 내용은 다음과 같다.

　19세기 후반 유럽의 열강(列强)이 중국에 침투하여 중국을 분할하여 식민지화하는 정세(情勢) 속에서, 열강(列强)의 진출에 반발하는 청(淸)나라의 민중 사이에서 외국인 배척기운이 고조되어 산동성(山東省)에서는 의화단(義和団)을 중심으로 '부청멸양(扶淸滅洋)'을 부르짖는 배외운동(排外運動 = 외국인 배척운동)이 일어났다. 의화단운동(義和団運動)은 중국의 화북일대(華北一帶)에 널리 퍼져 각지에서 크리스트교회가 습격당하고 외국인 선교사가 살해당하기도 하고 철도가 파괴되기도 했다. 1900년에는 북경(北京)에서 독일의 공사(公使)와 일본의 공사관 서기생(公使館書記生)이 살해되었고 여러 나라(列國)의 공사관(公使館)이 청나라군사와 민중에 포위되었다. 이에 동조한 청나라정부는 여러 나라(列國)에 선전포고 하였다. 일본은 미국, 영국, 러시아, 프랑스, 독일, 오스트리아, 이탈리아와 함께 군대를 파견해서 의화단의 난(義和団의 乱)을 진압하고 외교관과 거류민을 구출했다. 총 8개국이 연합군을 파견해서 중국을 다시 한번 굴복시킨 것이다.[107] 일본만 아시아의 국가이고 나머지 국가들은 전부 서구열강이었다. 일본은 일찍이 서구열강과 어깨를 나란히 한 것인데 주목할 만한 것이다. 이것이 북청사변(北靑事变) 또는 의화단사건(義和団事件)이다.

그런데 러시아는 의화단사건(義和団事件)이 수습된 후에도 십수만(十數萬) 명의 대군을 만주에 남기고 사실상 만주(満州)를 군사적으로 점령했다. 그 때문에 한국(韓國)을 지배하려는 일본은 한국문제(韓国問題)와 만주문제(満州問題)를 두고 정면으로 러시아와 대립하게 되었다.

러시아는, 청일전쟁 직후 독일 및 프랑스와 함께 전쟁에 승리한 일본에게 즉각 랴오둥(遼東)반도를 청나라에 반환하라고 요구했었다. 이후 러시아는 중국 동북지방뿐만 아니라 조선에 대한 지배력을 강화하고 있었다. 그 무렵 조선에서는 국호를 대한제국(大韓帝國,

---

107) 木村靖二·岸本美緒·小松久男 編, 『詳說 世界史研究』, 山川出版社, 2020年, 417面.

1897~1910)으로 고치고 국가의 자립을 꾀하였지만 재정난으로 인하여 근대화정책은 좌절되었다. 근대화에 실패한 조선에 대한 일본과 러시아의 주도권 쟁탈전이 격심해져 갔다.

러시아의 동아시아 진출에 위기감을 느낀 일본은, 남아프리카전쟁에서 고전(苦戰)을 면치 못하고 있었던 데다가 중앙아시아방면에서도 러시아와 대치하고 있던 영국과 이해가 일치하여 1902년에 일영동맹(日英同盟)이 체결되었다. 영국이 일본의 후원자가 된 것으로 프랑스 등 제3국의 참전을 막는 것도 가능하게 되었다.

그 뒤, 중국대륙 동북(東北)에서의 러시아군 철병문제와 동북(東北)·조선(朝鮮)의 이해관계 조절을 도모하는 일본과 러시아 사이에 교섭이 행하여지다가 쌍방타협에는 도달하지 못했다. 조기개전(早期開戰)이 유리하다고 판단한 일본은 전쟁개시를 결의하고 1904년 2월에 일본군은 러시아군을 기습 공격 하여 러일전쟁이 시작되었다. 일본군은 육상에서는 조선반도(朝鮮半島)를 제압하고 중국의 동북(東北)지방에 진격하긴 했지만 총포탄(銃砲彈)의 부족도 있고 해서 고전(苦戰)을 면하지 못했다. 일본육군은 1905년 1월에 여순요새(旅順要塞)를 함락시켜 러시아의 태평양함대를 소멸시키고, 3월의 봉천회전(奉天会戰)에서 승리를 거두었다. '회전(会戰)'은 대병력끼리의 전투를 말한다. 그러나 전력으로는 그것이 일본의 한계였고 이후 전선(戰線)은 교착상태가 되었다.

한편, 러일전쟁 당시 조선(朝鮮)의 사정은 다음과 같았다.
조선정부는 1896년에 있었던 아관파천(俄館播遷) 직후 서양 열강에 광산, 철도, 삼림, 어업 등의 이권을 넘겨주었지만, 그 이득의 일부를 세금으로 징수하여 국가재정에 보탰다.

  일본은 우리나라에 대한 독점적 지배권을 확보하기 위해 가장 강력한 경쟁자인 러시아의 침투를 저지하는 데 총력을 기울였다. 1896년 5월 베베르-고무라(Weber-小村) 각서를 시작으로 잇달아 러시아와 의정서(1896. 6.), 협약(1898. 4.) 등을 맺으면서 러시아를 견제해 오던 일본은 1902년 1월 영일동맹을 맺어 우리나라에 대한 특수권익을 영국으로부터 인정받았다. 영국은 중국의 의화단의 난(1900)을 함께 진압한 뒤 만주를 차지하려고 획책하고 있던 러시아를 견제하기 위해 일본의 조선 독점을 승인하는 대신에 청나라에 대한 지배권을 보장받았다.

  영일동맹에 의해 입지가 강화된 일본은 러시아를 무력으로 제압하기로 결심하고, 먼저 외교교섭을 벌여 조선에 대한 내정간섭을 인정할 것과 만주에 대한 경제적 침투를 허용할 것을 러시아에 요구했다. 그러나 러시아는 오히려 일본이 한반도를 군사적으로 이용하지 말 것과 북위 39도 이북의 지역을 중립지대로 만들 것을 제안했다. 39도는 서쪽으로는 평안남도의 평양시를 통과한다. 그리고 동쪽으로는 강원도의 원산시 바로 아래쪽을 통과한다.

  일본은 러시아와의 협상에 실패한 후 바로 전쟁에 돌입했다. 1903년 12월, 일본은 경부철도를 빨리 건설할 것을 명령했다. 1904년 2월 일본은 러시아에 대한 최후통첩과 함께 인천 월미도에 정박해 있던 러시아의 군함(1903. 12. 입항)을 습격하고 랴오둥반도의 뤼순항(旅順港)을 기습 공격했다. 이로써 러일전쟁이 벌어진 것이다. 이보다 앞서 1904년 1월 대한제국 정부(조선)는 러일전쟁을 예상하여 미리 국외중립을 선언했다. 러일전쟁은 세계 여러 나라의 예상을 뒤엎고 일본의 승리로 끝났다. 러시아의 발틱함대가 1905년 5월 7일 대한해협에서 일본해군에 격파당한 데 이어 6월에 제1차 러시아혁명이 일어나 러시아의 국내가 어수선해진 것이 러시아가 전쟁에 패배한 원인이다.[108]

러시아의 발틱함대가 북유럽의 발트해에서 아시아의 일본까지 해양루트를 이용하여 신속하게 움직이려면 수에즈운하를 통과해야 했는데 영국의 방해공작으로 러시아의 발틱함대는 이집트의 수에즈운하를 통과하지 못하고 남아프리카의 희망봉을 지나는 우회로를 타고 일본으로 가는 바람에 너무 지쳐 버렸고, 또한 러시아혁명은 러시아 국내의 전투력을 약화시켰다.

한편 러시아에서는 1905년 1월에 '피의 일요일'이라고 불리는 사건이 발생했고 전국에 파업이 확대되고, 제1차 러시아혁명으로 진전되고 있었다.

---

108) 한영우, 『다시찾는 우리역사』 제2전면개정판, 경세원, 2022년, 459-461면 및 大津 透·久留島典子·藤田 覚·伊藤之雄, 『もういちど讀みとおす山川新日本史 下』, 山川出版社, 2022년, 78面.

러일전쟁에서 러시아에게 매우 불리한 작용을 했던 '피의 일요일 사건'이란, 1905년 1월 초 러시아의 수도 페테르부르크에서 정치개혁을 요구하는 노동자와 그 가족의 청원(=서원(誓願)) 데모가 궁전을 향해 행진하였다. 경찰대가 이 행진에 대해 발포해서 다수의 사상자가 나왔고 거리에 쌓인 눈(雪)을 피로 물들였다. 이 사건을 계기로 노동자의 파업 및 농민봉기와 민족운동이 전국에 확산되어 교통과 통신이 전국적으로 마비되었다. 이것이 제1차 러시아혁명이다. 황제와 정부는 이러한 국내정세를 제어(制御)하기 위해서 일본과의 전쟁강화교섭에 들어가, 1905년 8월에 포츠머스조약이 맺어진 것이다.[109]

혁명이라는 러시아의 국내정치문제 외에도, 1905년 5월에는 일본해군이 북유럽의 발트해로부터 회항(回航)해 온 러시아의 발틱함대를 일본해해전(日本海海戰)에서 전멸(全滅)시킨 결과 러시아정부의 권위가 실추된 사실이 있다.[110] 해전(海戰)에서 전멸(全滅)한 러시아의 발틱함대는 발트해로부터 회항(回航)해 오느라고 이미 상당히 지친 상태였다. 또한, 1905년 6월에 러시아 흑해함대의 전함 포템킨(Potemkin)호에서 수병(水兵)들의 반란이 발생하여 러시아는 일본과의 전쟁을 계속하기가 곤란해졌다. 그리하여, 일본의 의뢰를 받은 당시 미국의 대통령 시어도어 루스벨트(Theodore Roosevelt)의

---

109) 木村靖二·岸本美緒·小松久男 編, 『もういちど讀む山川世界史PLUS ヨ-ロッパ.アメリカ編』, 山川出版社, 2022年, 214面.
110) R. R. Palmer, Joel Colton, 『A History of the Modern World』, Eighth Edition, McGraw-Hill, Inc. 1995, p.681.

중개로 미국의 포츠머스(Portsmouth)에서 일본의 전권대표 고무라 주타로(小村寿太郎)와 러시아의 전권대표 비테(Vitte)와의 사이에 강화교섭이 행해지고 1905년 9월에 포츠머스조약이 맺어졌다. 이 조약으로, 일본은 한국에 있어서의 우월적 지위를 인정받고, 중국의 요동반도 남부(여순(旅順)·대련(大連))의 조차권(租借權)을 획득했다. 조차권(租借權)이란, 합의에 따라 한 나라가 다른 나라 영토의 일부를 빌려 일정한 기간 동안 통치하는 권리를 말한다. 일본은 또한 남만주철도(南滿州鉄道)라고 부르는 동청철도지선남부(東淸鉄道支線南部)의 이권을 획득하고 사할린남부(南樺太)의 영유권도 획득했다.[111]

위 남만주철도(南滿州鉄道)와 관련해서는 일본의 유명한 소설가이자 영문학자인 나쓰메 소세키(夏目漱石)가 1909년에 일본의 『아사히』신문에 연재했던 만주와 한국여행기인 「만한 이곳저곳(満韓ところどころ)」을 보면 당시의 역사적 사실이 좀 더 실감나게 된다. 1909년, 나쓰메 소세키는 일본이 경영하는 만주철도(満州鉄道)가 경영하는 만주일일신문(満州日日新聞)의 초대로 만주와 한국을 여행하고 나서 「만한(満韓) 이곳저곳」을 썼던 것이다.[112]

---

111) 木村靖二·岸本美緒·小松久男 編, 『詳說 世界史硏究』, 山川出版社, 2020年, 418面.
112) 나쓰메 소세키 지음/김유영 옮김, 『만주와 한국 여행기』, 소명출판, 2018년, 3-15면.

러일전쟁에서 일본의 승리는 동아시아 유색인종(有色人種)의 소국(小國)이 예상에 반하여 백인(白人)의 대국(大國)인 러시아를 패배시킨 것으로 전 세계에 충격을 주었다. 백인불패(白人不敗)의 신화(神話)가 깨진 것이기 때문이다.[113] 인도의 독립운동가 겸 정치가인 자와할랄 네루(1889~1964)는 당시 영국 케임브리지대학에 유학 중에 일본이 승리했다는 소식을 접하고는 흥분했다. 당시 16세인 네루는 자신의 조국인 인도도 영국의 식민지배를 받고 있었기 때문에 유럽대국에 대한 아시아국가의 승리소식에 더욱 열광했던 것이다.[114] 네루는 비폭력, 평화주의자인 마하트마 간디(1869~1948)와는 달리 적극적인 파업과 투쟁적인 독립운동을 했던 인물로 인도독립 이후 1947년부터 1964년까지 초대 인도총리를 역임하였다.

러일전쟁(露日戰爭) 후, 일본은 기존의 영일동맹을 개정하고, 또 1907년에는 일불협약(日仏協約)을 맺어 각각 프랑스의 인도차이나에 대한 이권, 일본의 관동주(關東州) 및 한국(韓國)에 대한 이권을 서로 인정했다. 러시아는 동아시아에서는 더 이상의 진출을 단념하고 발칸방면으로의 진출을 강화함과 동시에 1907년 6월 러일협약(露日協約)을 맺어 상호의 세력권을 획정했다. 일본은 중국의 동북지방 남

---

113) 佐藤信·五味文彦·高埜利彦·鳥海靖 編, 『詳說 日本史硏究』, 山川出版社, 2020年, 382面 및 Clive Ponting, 『World History: A New Perspective』, Pimlico, 2001, p.756.

114) 五味文彦·鳥海靖 編, 『新 もういちど讀む山川日本史』, 山川出版社, 2017年, 277面 및 佐藤信·五味文彦·高埜利彦·鳥海靖 編, 『詳說 日本史硏究』, 山川出版社, 2020年, 382面.

부의 이권을 획득하고 반관반민(半官半民)의 남만주철도주식회사(南滿州鉄道株式會社)를 설립하여 배타적인 개발을 진행시켜 나갔는데 이것은 문호개방(門戶開放)을 주장하는 미국의 반발을 초래하기도 했다. 남만주철도주식회사를 약칭해서 만철(滿鉄)이라고 부른다.[115]

러일전쟁(露日戦争)에서 일본의 승리는 인도를 위시하여 아시아에서의 민족운동을 자극했을 뿐만 아니라 러시아에 억압되어 왔던 민족을 고무시켰고, 게다가 청나라조정의 정치개혁을 재촉하게 되었다. 그러나 일본은 중국 동북지방의 이권을 청나라조정으로부터 인정받게 되어 그 이후 이권회수(利權回收)를 추진해 나가는 중국과의 장기적인 대립을 일으키게 되었다. 또한 일본은 조선(朝鮮)의 식민지화도 추진해 나갔다.[116]

일본의 승리와 러시아의 패배는 향후 적어도 세 개의 서로 다른 방향으로 일련의 반향을 일으켰다. 첫째, 러시아는 동아시아에서 유럽으로 관심을 돌렸다. 러시아는 유럽 발칸지역에서 일어나는 일에 적극적인 활동을 재개했고, 그것은 유럽에서 일련의 국제적인 위

---

115) 木村靖二·岸本美緒·小松久男 編, 『詳說 世界史研究』, 山川出版社, 2020年, 418面 및 五味文彦·鳥海靖 編, 『新 もういちど讀む山川日本史』, 山川出版社, 2017年, 278面과 大津 透·久留島典子·藤田 覚·伊藤之雄, 『もういちど讀みとおす山川新日本史 下』, 山川出版社, 2022年, 81面.

116) 木村靖二·岸本美緒·小松久男 編, 『詳說 世界史研究』, 山川出版社, 2020年, 418-419面.

기를 초래했다. 그 결과 제1차 세계대전이 발생했다. 둘째, 러시아의 패배는 위신 면에서나 군사력 면에서나 러시아 전제군주제 정부의 힘을 많이 쇠약하게 만들었다. 그 결과 1917년에는 러시아대혁명이 발생했고 전제군주제는 폐지되고 소비에트 공산주의가 탄생했다. 셋째, 일본이 러시아에 승리했다는 소식은 비유럽세계 사람들을 열광시켰다. 일본도 유럽열강과 같이 '제국주의국가라는 사실'은 일본이 '백인국가가 아니라는 인식'에 의해 간과되었다. 러시아에 대한 아시아국가 일본의 승리는 아시아 여러 나라를 자극시켜서 1905년에는 페르시아에서 민족주의 혁명, 1908년에는 터키에서 혁명, 1911년에는 중국에서 혁명이 일어나는 등 아시아 곳곳에서 아시아민족의 봉기가 일어났다. 제1차 세계대전 이후에는 아시아국가들의 자기권리 주장이 점점 강해졌다.[117]

일본은 중국대륙의 강국인 몽고와의 전쟁에서는 바다, 태풍 등 '자연환경' 때문에 승리할 수 있었고 러시아와의 전쟁에서도 러시아의 국내정치문제 등 '사회환경' 때문에 승리할 수 있었던 것이다. 일본은 이래저래 운이 따른 것이다.

---

117) R. R. Palmer, Joel Colton, 『A History of the Modern World』, Eighth Edition, McGraw-Hill, Inc. 1995, p.682.

★★★
제9장

만주사변, 중일전쟁,
태평양전쟁(1931년~1945년)

　해양세력인 일본의 중국대륙침략전쟁은 1931년 만주사변(滿洲事變), 1937년 중일전쟁(中日戰爭), 1941년 태평양전쟁(太平洋戰爭)으로 이어지는데, 결국 일본의 중국대륙침략은 1945년 미국에 의해 제압된다.

　1929년 미국에서 시작된 세계경제공황으로 영국 등 선진자본주의국가들은 보호무역주의의 일종인 블록경제권을 형성하여 공황에 대처해 나갔다. 선진국가의 공황은 후진자본주의국가인 일본에 파급되어 심대한 타격을 주었는데, 일본은 이를 돌파하는 방안으로 아시아대륙을 침략하여 하나의 경제권으로 묶고 이를 독점적으로 지배하려 했다. 해양세력의 대륙침략이다.

그 방법으로 군사파시즘 정책을 강화하고 강력한 국가독점자본주의와 군국주의를 선택했다. 군벌이 중심이 되어 1868년 메이지유신의 근대화를 이룩하고, 무력에 의해 조선을 강점한 패권주의 전통이 다시 나타난 것이다. 일본의 사무라이 및 전국시대 전투력 재현과 정명가도의 임진왜란이 재현된 것이다.

일본은 대륙침략의 일차목표를 만주에 두고, 만주출병의 명분을 찾고 있었다. 그 와중에 1931년 7월, 만보산사건이 터졌다. 중국 지린성 창춘현 만보산농장을 이승훈(李昇薰) 등이 조차하여 수로공사를 하던 중 중국인 농민과 분쟁이 일어나자 일본은 이 사건을 과대 선전 하여 한중 양 국민을 이간시키고 이런 분위기를 만주침략에 이용했다. 위 이승훈(李昇薰)은 남강 이승훈(南崗 李昇薰)이 아니다. 동명이인(同名異人)이다.

만보산사건이 조선의 국내 신문에 과장보도 되자, 흥분한 조선국민들은 평양·서울·인천·신의주·이리(현재 명칭은 익산) 등지에서 중국인을 공격하는 폭동을 일으켰다. 그러나 만보산사건이 일본에 의해 조작된 것을 알고 안재홍 등 언론인들이 국내의 폭동사태 진정을 위해 노력했다.

소화(昭和) 6年인 1931년 9월 18일 밤, 만주(중국 동북부)에 있는 일본의 척식회사(拓殖會社)·남만주철도주식회사(약칭 滿鐵)가 경영하는 철도가 폭파되었다. 범인은 중국인으로, 일본의 철도수비대까지도 습격당했다고 한다. 장소는 봉천(현재의 중국 심양) 북쪽 교외에 있는 류조호(柳條湖, 류조호를 옛날 사람들은 류조구(柳條溝)라고 부른다.). 일본군은 즉각 응전해서 전투상태에 돌입했다. 이것이 만주사변의 발발(勃發)이다. 일본군은 곧바로 만주를 점령하고, 다음 해에는 마지막 황제 애신각라부의(愛新覺羅溥儀)가 만주국의 황제로 내세워져 만주국의 건국이 이루어지게 되는 것이지만 이것까지 일본군의 모략(謀略)이었다.[118] 만주국(滿洲國)의 실태(實態)는 관동군(關東軍)과 일본인에 의하여 좌우되는 괴뢰국가(傀儡國家) 혹은 꼭두각시 국가에 지나지 않았다.[119]

만주사변 당시 조선군의 출동(朝鮮軍의 出動)사건이 있었다. 주목할 점은 조선인 군인의 만주출병은 천황의 허가가 있어야 가능했다는 점이다.

1931년(昭和(소화) 6년) 유조호(柳條湖) 사건 직후, 당시 관동군사령관 혼조 시게루(本庄繁)는 조선군사령관 하야시 센주로(林銑十郎)에게 증원부대 파견을 요청한다. 조선군사령관은 평양의 혼성 39여단의 파견을 결정한다. 조선군의 월경(越境), 국외 출병(國外出兵)에는 황제가 인가한 명령인 봉칙명령(奉勅命令)이 필요했다. 군중앙(軍中央)은 대기할 것을 통지했다. 그러나 참모장교인 관동군 막료(幕

---

118) 每日新聞社編, 『日本の戰爭 1 滿洲國の幻影 新裝版』, 每日新聞社, 2010年, 21面.

119) 靑沼隆彦 編, 『ここまで変わった! 日本の歴史 24の最新說』, 中央公論新社, 2021年, 105面 및 김남일 지음, 『한국 근대 문학 기행 함경도 이야기』, 학고재, 2023년, 296면.

僚)의 공작에 의해 9월 21일 조선군사령관 하야시 센주로(林銑十郎)는 독단적으로 봉천(현재의 심양)을 향해서 조선군을 출병(出兵)시켰다. 이런 이유로 하야시 센주로(林銑十郎)는 월경장군(越境將軍)이라고 불리게 되었다. 그다음 날, 若槻(와카쓰키 레이지로) 수상은 천황에게 조선군 출동의 내각회의결정(閣議決定)을 아뢰어, 천황의 봉칙명령(奉勅命令)이 내려졌다. 일본정부는 만주사변 당시 조선군의 출동문제가 그의 통수대권(統帥大權)침범임을 문제 삼아 군(軍)의 독주(獨走)를 억지할 수 있는 최대의 기회를 놓친 것이다.[120]

일본군은 류조구(柳條溝)철도를 중국군이 폭파한 것처럼 조작하여 관동군(關東軍)의 출병(出兵)을 정당화했다.[121] 관동군(關東軍)이란 명칭이 나온 관동주(關東州)란, 여순(旅順)·대련(大連)을 중심으로 하는 요동반도의 남단지역을 말한다.[122] 관동(關東)이란 중국 만리장성의 동쪽 끝에 있는 중요한 관문(關門)인 산해관(山海關)의 동북일대(東北一帶)에 위치한 것으로 '관외(關外)'라고도 하고 '관동(關東)'이라고도 하고, 혹은 단순히 '동북(東北)'이라고도 불렸다. 즉, 관동(關東)이란 만주전역(滿洲全域)의 별칭(別稱)이라고도 할 수 있는 호칭(呼稱)인 것이다. 산해관(山海關)은 옛날부터 외적을 방어하기에 적합한 요

---

120) 每日新聞社編, 『日本の戰爭 1 滿洲國の幻影 新裝版』, 每日新聞社, 2010年, 24面.

121) 한영우, 『다시찾는 우리역사』 제2전면개정판, 경세원, 2022년, 507면.

122) 佐藤信·五味文彦·高埜利彦·鳥海靖 編, 『詳說 日本史研究』, 山川出版社, 2020年, 445面.

충지로 알려져 있다.[123]

  1931년 9월, 관동군(關東軍)을 출병시켜서 만주사변(滿洲事變)을 일으킨 일본은 만주를 완전히 점령하고, 창춘(長春)에 일본의 꼭두각시 정부인 만주국을 수립했다. 황제는 마지막황제 부의(溥儀)였다. 이어 1937년에는 중국과 중일전쟁을 일으켰다. 중일전쟁 중에는 중국 국민당정부의 수도 남경(南京)을 함락시킨 후 다수의 난징주민을 학살하는 만행을 저질렀다. 이것을 남경사건(南京事件)이라고 한다. 이어 1941년에는 미국의 하와이를 공격해 태평양전쟁을 일으켰다.[124]

  1937년에 발생한 중일전쟁을 살펴보겠다. 일본에서는 일중전쟁(日中戰爭)이라고 부른다.

  1937년은 일본의 소화(昭和) 12년이다. 동년 7월 7일 밤 북경의 교외지역인 노구교(盧溝橋)에서 야간연습을 하고 있던 일본군에 십수(十數) 발의 총탄이 발사되었다. 그것이 중국 측의 공격인지, 또는 일본군에 의한 모략(謀略)인지는 아직도 모르지만, 그 총탄이 일지

---

123) 太平洋戰爭硏究會 編／平塚柾緖 著, 『圖說 寫眞で見る滿州全史 新裝版』, 河出書房新社, 2018年, 19面.

124) 邊太燮, 『韓國史通論 四訂版』, 三英社, 2022년, 453면과 五味文彦·鳥海靖 編, 『新 もういちど讀む山川日本史』, 山川出版社, 2017年, 320-322面, 326面, 332面 및 木村靖二·岸本美緒·小松久男 編, 『詳說 世界史硏究』, 山川出版社, 2020年, 471-472面, 그리고 太平洋戰爭硏究會 編／平塚柾緖 著, 『圖說 寫眞で見る滿州全史 新裝版』, 河出書房新社, 2018年, 4-5面.

사변(日支事變) 또는 일화사변(日華事變)이라고 불리는 일중전쟁(日中戰爭)의 발단(發端)이다. 일본은 마침내 '어느 단계'를 넘어 버린 것이다.[125]

노구교(盧溝橋)사건이 일어난 당초(当初), 일본정부는 화북(華北)에서의 일본과 중국의 전투라는 의미에서 '북지사변(北支事変)'이라고 부르다가, 전투가 화중(華中)으로 확대되니까 '시나사변(支那事変)'이라고 부르게 된다. 제2차 세계대전 후에는 '일화사변(日華事変)'이라고 부르게 되었고, 오늘날에는 '일중전쟁(日中戰爭)'이라고 부르고 있다.[126]

1937년 7월 8일, 중국공산당은 대일전면항전(對日全面抗戰)을 부르짖었다. 동년 7월 10일에는 중국 국민정부의 대일항의(對日抗議)가 있었다. 동년 7월 28일, 일본군은 화북(華北)에서 총공격을 개시했다. 동년 7월 30일, 북경(北京), 천진(天津)지구를 제압한 일본군은 동년 8월 8일에 북경(北京)에 입성한다.[127]

동년 8월 9일에는 화중(華中)의 상해(上海)에서 일본의 오오야마(大山) 해군대위 살해사건을 계기로 제2차 상해사변(上海事變)이 일어났다. 상해(上海)에서의 일본 해군장교 살해사건을 계기로 일본해

---

125) 每日新聞社編, 『日本の戰爭 2 太平洋戰爭 新裝版』, 每日新聞社, 2010年, 2面.
126) 佐藤信·五味文彦·高埜利彦·鳥海靖 編, 『詳說 日本史硏究』, 山川出版社, 2020年, 461面.
127) 每日新聞社編, 『日本の戰爭 2 太平洋戰爭 新裝版』, 每日新聞社, 2010年, 8面.

군은 일본육군강경파와 같이 강경자세를 취하게 된다. 일본해군은 일본본토의 기지 등에서 해군항공부대를 출격시켜 동지나해(東シナ海)를 건너 중국의 수도 남경(南京)을 폭격하는 등 중국과 전면전쟁에 돌입했다. 일본의 군수뇌부는 처음에는 극히 단기간 내에 중국을 제압할 것이라고 생각했지만 중국군의 강한 저항을 맞이하여 고전(苦戰)한다. 차례차례 대부대를 증원한 일본은 겨우 동년 12월에 중국 국민정부의 수도인 남경(南京)을 점령했다. 남경점령을 즈음하여 일본군은 이른바 '패잔병 소탕(敗残兵の掃蕩)'을 행하다가 그 기회에 다수의 중국인 비전투원과 중국인 포로를 살해했다. 이것을 남경사건(南京事件)이라고 한다. 이 사건으로 일본은 국제적으로 격심한 비난을 받았다. 살해된 중국인 피해자의 규모는 수천 명이라는 설(說)부터 30만 명이라는 설(說)까지 다양하게 있다.[128]

1938년 10월, 일본군은 광동(廣東)·무한(武漢)을 점령했다. 중경(重慶)으로 수도를 옮긴 중국의 국민정부는 중국공산당의 협력을 받아 항일전(抗日戰)을 전개했다. 중경(重慶)의 국민정부는 미국, 영국, 소련의 원조를 받아 의연하게 항전을 계속했다. 단기간 내에 중국을 굴복시킬 수 있다고 본 일본의 예측은 빗나가고, 중일전쟁은 장기전(長期戰)의 수렁에 빠져들어 갔다.[129]

---

128) 佐藤信·五味文彦·高埜利彦·鳥海靖 編, 『詳說 日本史硏究』, 山川出版社, 2020年, 461面.
129) 佐藤信·五味文彦·高埜利彦·鳥海靖 編, 『詳說 日本史硏究』, 山川出版社, 2020年, 461-462面.

1941년에는 태평양전쟁이 발발(勃發)했다.

일본에서는 일반적으로 태평양전쟁의 개시는 하와이의 진주만기습으로 시작되었다고 생각하고 있다. 그러나 실제로는 일본군이 말레이반도에 상륙한 것이 일본시간으로 1941년 12월 8일 오전 2시 15분이고, 진주만공격은 일본시간으로 1941년 12월 8일 오전 3시 19분이기 때문에 태평양전쟁의 개시는 일본군의 말레이반도 상륙으로 시작된 것이다. 당시 일본에 있어서는 말레이의 석유(石油)문제가 매우 위급한 상황이었음을 짐작하게 한다. 이날 일본은 홍콩, 싱가포르, 필리핀, 괌 등에도 일제히 전쟁을 개시했다.[130]

일본의 침략전쟁인 1931년 만주사변, 1937년 중일전쟁, 1941년 태평양전쟁의 연속 속에서 조선은 전쟁물자를 공급하는 일본군의 병참기지로 경제구조가 개편되었다. 1934년 일본은 농업공황을 타개하기 위하여 조선에서의 산미증식계획을 중단했다. 1937년 중일전쟁과 1941년에는 태평양전쟁 기간 중에는 군량미 조달의 필요성에서 쌀에 대한 배급제도와 쌀·잡곡에 대한 공출제도(供出制度)가 시행되었다. 미곡증식계획도 다시 실시했다.[131] 1945년 8월 15일, 태평양전쟁은 결국 미국에 패한 일본이 항복함으로써 끝났다.[132]

---

[130] 每日新聞社編, 『日本の戰爭 2 太平洋戰爭 新裝版』, 每日新聞社, 2010年, 125面 및 大津 透·久留島典子·藤田 覚·伊藤之雄, 『もういちど讀みとおす山川新日本史 下』, 山川出版社, 2022年, 145面.

[131] 한영우, 『다시찾는 우리역사』 제2전면개정판, 경세원, 2022년, 507-508면.

[132] 佐藤信·五味文彦·高埜利彦·鳥海靖 編, 『詳說 日本史研究』, 山川出版社, 2020年, 479面.

★★★
제10장

조선전쟁(朝鮮戰爭 = 한국전쟁)
(1950년~1953년)

조선전쟁(朝鮮戰爭)에 대한 일본역사서의 기술 중 조선전쟁으로 인한 일본경제회복과 조선전쟁의 경과는 다음과 같다.

1945년 일본은 태평양전쟁에서 미국군대에 의해 완패당한 이후, 국가경제는 피폐해졌다. 심각한 불황에 시달리고 있던 일본경제(日本經濟)는 1950년(昭和(소화) 25년) 6월에 발생한 조선전쟁(한국전쟁)으로 인하여 활기를 되찾았다. 한반도에서 전쟁을 수행하는 미국군대는 일본을 군수품조달지로 삼았기 때문에 방대한 특수수요(特殊需要, 약칭 특수(特需))가 발생했고 미국군대의 군수품을 공급하기 위한 일본의 각종 생산시설은 크게 성장하지 않을 수 없었던 것이다. 조선전쟁(한국전쟁)이 발발(勃發)한 지 1년 후인 1951년에는 일본의 실질국민총생산이 전쟁 전의 경제수준으로 회복되었다. 조선

전쟁(한국전쟁)으로 인한 특수경기(特殊景氣)였다.[133]

　조선전쟁(朝鮮戰爭)으로 인하여 일본경제(日本經濟)는 되살아났다. 미군을 주체로 하는 국제연합군(国際連合軍)이 일본에서 출동하는 기회에 많은 물자와 서비스를 미국달러로 조달해서 이른바 특별수요(特別需要) 특수경기(特需景氣)가 생겼기 때문이다. 특별수요(特別需要)가 달러로 지불된 사실의 의미는 커서, 지금까지 외화부족 때문에 필수물자를 충분히 수입할 수 없는 시기인 만큼 달러수입을 가져온 특별수요의 효과는 절대적이었다. 이 무렵 세계경기도 호황으로 바뀌고 있었고, 일본의 섬유품(纖維品)·금속(金屬)·기계(機械) 등의 대외수출은 늘어났다. 이렇게 해서 1951년에는 일본의 광공업생산이 일본의 태평양전쟁 전의 수준을 넘어서게 되었다.

　3년 동안 진행된 한반도에서의 조선전쟁이 태평양전쟁에서 패배하여 피폐해진 일본경제가 부흥하는 기회가 되었던 것과 같이, 베트남전쟁에의 한국군참전은 한국의 경제발전에 도움이 되었다. 일본, 한국은 각각 미군의 전쟁병참기지 역할을 했기 때문이다.[134]

---

133) 老川慶喜 著, 『もういちど讀む山川日本戰後史』, 山川出版社, 2016年, 71-74面.

134) 佐藤信·五味文彦·高埜利彦·鳥海靖 編, 『詳說 日本史研究』, 山川出版社, 2020年, 503面 및 大津 透·久留島典子·藤田 覚·伊藤之雄, 『もういちど讀みとおす山川新日本史 下』, 山川出版社, 2022年, 162-163面과 佐々木潤之介·佐藤 信·中島三千男·藤田 覚·外園豊基·渡辺隆喜, 『槪論 日本歷史』, 吉川弘文館, 2021年, 279-280面.

조선전쟁(朝鮮戰爭)으로 인하여 미군이 일본에서 출동하는 상황으로 인하여 일본에 주둔하는 미군의 공백이 생기게 되었다. 이를 메우기 위하여 1950년 7월 8일 맥아더(MacArthur)는 요시다(吉田) 수상 앞으로 보낸 서한에서 국가경찰예비대(國家警察豫備隊)의 창설(7만 5,000명)과 해상보안청(海上保安廳)의 확충(8,000명 증원)을 지령했다.

조선전쟁의 경과는 다음과 같다.

조선반도(朝鮮半島)에서는 남북(南北)이 각각 독립한 후 대치하고 있는 상황이 계속되고 있었다. 그런데 1949년 10월에 중국대륙에서는 중화인민공화국이 성립한 사건과 1950년 1월에 미국의 국무장관 애치슨(Acheson)의 연설로 미국의 방위선 내측(內側)에 한국(韓國)과 대만(台湾)이 포함되지 않는다고 한 일로 인하여 북조선(北朝鮮)의 김일성(金日成)은 조선반도(朝鮮半島) 남북의 무력통일을 결의하고 소련의 스탈린 및 중국의 모택동(毛沢東)의 전쟁승인을 얻었다.[135] 한편, 1950년 1월에 미국과 한국은 한미상호방위원조협정(韓美相互防衛援助協定)을 체결했고, 동년 2월에는 중화인민공화국과 소련이 중소우호동맹상호원조조약(中蘇友好同盟相互援助條約)을 체결했다. 미국과 소련은 긴박하게 대치(対峙)하고 있었던 것이다.[136]

---

135) 木村靖二·岸本美緒·小松久男 編, 『詳說 世界史研究』, 山川出版社, 2020年, 502面.
136) 佐藤信·五味文彦·高埜利彦·鳥海靖 編, 『詳說 日本史研究』, 山川出版社, 2020年, 502面.

1950년 6월에 북조선군(北朝鮮軍)은 남한으로 침공했다. 불의의 공격을 받은 한국군은 장비도 열등한 상태에서 금세 서울을 점령당했다. 남하(南下)를 계속하는 북조선군(北朝鮮軍)에 대하여 미국이 주도하는 국제연합(国際連合) 안전보장이사회는 북조선(北朝鮮)을 비난하고, 일본(日本)에 주둔하고 있는 미군(美軍)을 중심으로 국제연합군(国際連合軍)을 조직해서 조선반도(朝鮮半島)에 파견했다.

한국군(韓国軍)도 국제연합군(国際連合軍)에 편입되었고 최고사령관은 맥아더(MacArthur, 1880~1964)였다. 계속되는 북조선군(北朝鮮軍)의 남하(南下)는 국제연합군을 압도해서 부산(釜山)부근까지 몰아붙였다. 9월이 되어 국제연합군은 인천(仁川)상륙작전에 성공하여 서울을 탈환하고 북조선군의 보급로를 끊어 버렸다. 북조선군은 패주하고 국제연합군은 38도선을 넘어 북조선영내(北朝鮮領內)로 진공했다. 10월에는 국제연합군이 중조국경(中朝國境)인 압록강에 육박하자, 중국은 자국의 안전보장상의 위기로 간주하고 인민의용군(人民義勇軍)을 북조선(北朝鮮)에 파견했다. 이로써 조선전쟁(朝鮮戰爭)은 미중전쟁(米中戰爭)으로 전환된 것이다. 조선전쟁(朝鮮戰爭)은 1953년 7월에 끝났다.[137]

1950년 한반도에서 발발한 3년여 간의 남북한전쟁으로 인하여 남북한 쌍방에 엄청난 피해를 안겨 주었다. 조선전쟁(한국전쟁)은 베트남전쟁과 함께 제2차 세계대전 이후 최대의 국제전쟁이었다.

---

137) 木村靖二·岸本美緒·小松久男 編, 『詳說 世界史研究』, 山川出版社, 2020年, 502-503面.

남쪽과 북쪽의 전쟁으로 조선전쟁(한국전쟁)에서는 남쪽이 북쪽 공산당의 공격을 잘 막아 내었지만 베트남전쟁에서는 남쪽이 북쪽 공산당의 공격을 막아 내지 못하고 북쪽 공산당에 의하여 남북이 통일되었다. 남베트남이 패망한 때는 남베트남의 수도 사이공이 함락된 1975년의 일이다.

3년여 간의 한반도에서의 조선전쟁(한국전쟁)은 태평양전쟁에서 패배하여 피폐해진 일본이 다시 경제부흥 하는 기회가 되었다. 조선전쟁특수(朝鮮戰争特需)라고 한다. 일본이 미군의 전쟁병참기지였기 때문이다. 이와 비슷하게 베트남전쟁에 한국군이 참전했던 사실은 한국의 경제발전에 도움이 되었다. 전쟁이 전쟁당사자가 아닌 국가에 미치는 국제적인 이해관계의 모습을 잘 보여 주는 사례이다.

맺음말

19세기의 일본해양세력과 중국대륙세력의 대략적인 상황 중 일부를 기술하면서 이 책의 끝을 맺겠다.

18세기 전후 도쿠가와막부(德川幕府) 후기의 일본사회를 보면, 일본은 대내외적으로 평화가 지속되면서 유럽처럼 끊임없는 전쟁을 치르느라 불필요한 비용을 낭비하지는 않았다. 일본인의 생활수준은 계속 올라가 1850년대 무렵에는 영국이나 미국에도 뒤지지 않을 정도였다. 평균수명은 서유럽과 동일했고 일본의 평균 식생활은 영국 노동계급의 식생활보다 훨씬 더 우수했다. 그 당시 영국 노동계급은 마가린을 바른 흰 빵과 차가 주식이었다. 가옥도 대체로 일본이 훨씬 더 훌륭했다. 일본의 가옥은 목조건물에 채광과 통풍이 좋은 미닫이문이 달렸고, 화재에는 매우 취약하나 지진내구성은 상당히 뛰어났다. 일본의 가옥들은 대체로 1층 높이였기 때문에 도시인구밀도는 유럽과 미국보다 훨씬 낮았다. 잘 짜인 체계를 통해 '분뇨'를 치웠기 때문에 거리가 청결했다. 1850년대에 이르기까지 일본인의 생활수준 역시 유럽과 미국보다 별로 뒤처지지 않았다는 것을 보여 준다. 이 시기에 닦은 일본의 기반은 19세기 하반기에 찾아온 급격한 변화를 일본이 헤쳐 나가는 데 필수적인 토대가 되었다.[138] 최근 2023년과 2024년에 일본과

---

138) 클라이브 폰팅/박혜원 옮김, 『클라이브 폰팅의 세계사 2』, 민음사, 2019년, 375-376면 및 Clive Ponting, 『World History: A New Perspective』, Pimlico, 2001, pp.723-724.

서유럽여행을 각각 몇 차례 다녀온 저자의 관점에서 볼 때에 현대에도 일본의 생활수준이 서유럽보다 나으면 나았지 못하지 않은 것 같다.

한편, 중국대륙의 지배자 청나라의 경우 1850년대에 전국적으로 확산한 거대한 반란은 부와 기반시설의 파괴, 인명살상의 규모로 볼 때 중국에 근본적인 타격을 주었다. 그 반란은 태평천국의 난(太平天國의 亂)이다. 그러나 1860년대 초엽 태평천국의 난이 진압되기 시작할 무렵 중국황실정부는 국가전반에 대해 통제력을 회복하면서 주요 산업의 현대화과정을 진행하였고 첫 순서로 무기산업에 집중했다. 그리고 1872년에는 증기선회사, 1878년에는 광산회사와 철도, 1882년에는 전기회사 등 현대적인 기반시설들을 구축했다. 또 1894년에는 거대한 철강단지가 완성되었는데, 일본의 야와타시에 철강시설이 들어선 것보다 2년이 앞선 일이었다. 1890년대 초엽에 중국은 기술적으로 의심의 여지없이 최소한 일본 이상으로 진보해 있었다. 그러나 19세기 말에서 20세기 초중반에 다시 중국에 재앙이 찾아왔고 이번에는 유럽이 아닌 일본해양세력이 중국대륙침략의 주체가 된 것이다.[139]

일본해양세력과 중국대륙세력 사이에 위치한 같은 시기의 한반도 조선은 비교적 약한 나라였다.[140]

---

139) 클라이브 폰팅/박혜원 옮김, 『클라이브 폰팅의 세계사 2』, 민음사, 2019년, 367면, 371-372면 및 Clive Ponting, 『World History: A New Perspective』, Pimlico, 2001, p.717, p.721.
140) 클라이브 폰팅/박혜원 옮김, 『클라이브 폰팅의 세계사 2』, 민음사, 2019년, 383면 및 Clive Ponting, 『World History: A New Perspective』, Pimlico, 2001, p.730.

참고문헌

韓國書

邊太燮, 『韓國史通論 四訂版』, 三英社, 2022년.

이기백, 『한글판 한국사신론』 1판, 주식회사 일조각, 2023년.

한영우, 『다시찾는 우리역사』 제2전면개정판, 경세원, 2022년.

정약용 지음/이민수 옮김, 『아방강역고(我邦疆域考)』, 종합출판 범우, 2022년.

신채호 지음/김종성 옮김, 『조선상고사(朝鮮上古史)』, ㈜시공사, 2023년.

박은식 지음/김태웅 역해, 『한국통사(韓國痛史)』, 아카넷, 2021년.

이중환 지음/안대회 이승용 외 옮김, 『완역정본 택리지』, 휴머니스트 출판그룹, 2018년.

류성룡 지음/김흥식 옮김, 『징비록』, 서해문집, 2019년.

류성룡 저/오세진·신재훈·박희정 역해, 『징비록(懲毖錄)』, 홍익출판사, 2019년.

안영배, 『잊혀진 전쟁 정유재란』, 동아일보사, 2018년.

허남린 외 8명 지음/국립진주박물관 엮음, 『처음 읽는 정유재란 1597』, 도서출판 푸른역사, 2019년.

김희영, 『궁금해서 밤새 읽는 일본사』, 청아출판사, 2019년.

김남일 지음, 『한국 근대 문학 기행 함경도 이야기』, 학고재, 2023년.

박철웅 외 6인, 『고등학교 지리부도』, ㈜미래엔, 2018년.

번역서

클라이브 폰팅/박혜원 옮김, 『클라이브 폰팅의 세계사 2』, 민음사, 2019년.

나쓰메 소세키 지음/김유영 옮김, 『만주와 한국 여행기』, 소명출판, 2018년.

日本書

李重煥 著/平木 實 譯, 『擇里志 近世朝鮮の地理書, 東洋文庫751』, 平凡社, 2006年.

佐藤信·五味文彦·高埜利彦·鳥海靖 編, 『詳說 日本史研究』, 山川出版社, 2020年.

木村靖二·岸本美緒·小松久男 編, 『詳說 世界史研究』, 山川出版社, 2020年.

每日新聞社編, 『日本の戰爭 1 滿洲國の幻影 新裝版』, 每日新聞社, 2010年.

每日新聞社編, 『日本の戰爭 2 太平洋戰爭 新裝版』, 每日新聞社, 2010年.

五味文彦·鳥海靖 編, 『新 もういちど讀む山川日本史』, 山川出版社, 2017年.

老川慶喜 著, 『もういちど讀む山川日本戰後史』, 山川出版社, 2016年.

「世界の歷史」編集委員會=編, 『新 もういちど讀む山川世界史』, 山川出版社, 2017年.

竹內淸乃 編集, 『日本書紀 編纂一三〇〇年』, 平凡社, 2020年.

池田嘉郞/上野愼也/村上 衛/森本一夫 編, 『名著で讀む世界史 120』, 山川出版社, 2016年.

木村靖二·岸本美緒·小松久男 編, 『もういちど讀む山川世界史PLUS アジア編』, 山川出版社, 2022年.

木村靖二·岸本美緒·小松久男 編, 『もういちど讀む山川世界史PLUS ヨ-ロッパ·アメリカ編』, 山川出版社, 2022年.

かみゆ歷史編集部, 『面白すぎる人物日本史 古代·中世編』, 中央公論新社, 2022年.

六反田豊 監修, 『一冊でわかる韓国史』, 河出書房新社, 2022年.

朝日新聞出版 編著, 『再現イラストでよみがえる日本史の現場』, 朝日新聞出版, 2022年.

公益財団法人 東洋文庫 編, 『記錄された記憶』, 山川出版社, 2015年.

靑沼隆彦 編, 『ここまで變わった! 日本の歷史 24の最新說』, 中央公論新社, 2021年.

岩井茂樹 著, 『朝貢·海禁·互市』, 名古屋大學出版會, 2021年.

小和田哲男 監修, 『戰國 經濟の作法』, 株式會社 G.B., 2020年.

太平洋戰爭研究會 編/平塚柾緒 著, 『圖說 寫眞で見る滿州全史 新裝版』, 河出書房新社, 2018年.

大津 透·久留島典子·藤田 覚·伊藤之雄, 『もういちど讀みとおす山川新日本史 上』, 山川出版社, 2022年.

大津 透·久留島典子·藤田 覚·伊藤之雄, 『もういちど讀みとおす山川新日本史 下』, 山川出版社, 2022年.

高橋秀樹·三谷芳幸·村瀬信一, 『ここまで変わった日本史教科書』, 吉川弘文館, 2016年.

佐々木潤之介·佐藤 信·中島三千男·藤田 覚·外園豊基·渡辺隆喜, 『概論 日本歴史』, 吉川弘文館, 2021年.

森 公章, 『戦争の日本史1 東アジアの動乱と倭國』, 吉川弘文館, 2014年.

英美書

R. R. Palmer, Joel Colton, 『A History of the Modern World』, Eighth Edition, McGraw-Hill, Inc. 1995.

Clive Ponting, 『World History: A New Perspective』, Pimlico, 2001.

HERODOTUS, 『The Histories』 Translated by Aubrey de Sélincourt, Penguin Books, 2003.

HERODOTUS, 『The Histories』 Translated by Tom Holland, Penguin Books, 2015.

Herodotus, 『The Histories』 Translated by Robin Waterfield, Oxford University Press, 2008.

Thucydides, 『The Peloponnesian War』 Translated by Martin Hammond, Oxford University Press, 2009.

Andrew Taylor, 『Books That Changed the World: The 50 most influential books in human history』, Quercus, 2014.